CATALOGUE MENSUEL

(Nouvelle Série, N° 25)

LIBRAIRIE

DE

THÉOPHILE BELIN

29, Quai Voltaire, PARIS

SOMMAIRE

Balzac (G. de). Œuvres, 1652-64, 7 vol. — *Barre.* Histoire d'Allemagne, 1748, 10 vol. — *Basan.* Dictionnaire des Graveurs, 1789, 2 vol. — *Bassompierre.* Mémoires et Ambassades, 1668, 4 vol. — Le Billon d'aur et d'argent, 1552. — *Cicéron.* Officiorum, 1470. — Comptes du monde avantureux, 1582. — *Corrozet.* Antiquitez de Paris, 1586. — *Cotin.* Œuvres galantes, 1665. — *Du Bellay.* Mémoires, 1569. — *Gourville.* Mémoires, 1724. — *Guichard.* Funérailles, 1581. — *Hoffbauer.* Paris à travers les âges, 1875. — *Jeannin.* Négociations, 1656. — *Joinville.* L'Histoire de S. Loys, 1547. — *La Tour d'Albenas.* Le Siècle d'or, 1551. — *Le Jolle.* Description d'Amsterdam, 1666. — Les Lettres et les Arts, 1886. — *Longus.* Les Amours de Daphnis et Chloé, 1559. — *Magny.* Odes, 1559. — *Mascurat.* Jugement de tout ce qui a été imprimé contre Mazarin, 1649. — *Masuccio.* Il Novellino, 1522. — *Montaigne.* Essais, 1582 ; Essais, 1659. — *Platine.* De honesta Voluptate, 1480. — Recueil de pièces curieuses et nouvelles, 1694-1701. — *Ronsard.* Odes, 1555. — *Saint-Simon.* Extraits des Mémoires, ms. du XVIIIe siècle. — *Scudéry* (Mlle de). Conversations, 1682-85. — *Tahureau.* Poésies, 1574. — *Vic et Vaissette.* Histoire générale du Languedoc, 1730-45, 5 vol.

PARIS

LIBRAIRIE THÉOPHILE BELIN

29, QUAI VOLTAIRE, 29

1899

2399. A'Beckett (Gilbert). The Comic history of Rome. Illustrated by John Leech. *London, Bradbury, s. d.;* in-4, cart. toile, *non rogné.* 20 fr.

Humoristiques figures tirées sur Japon et appliquées dans le texte.

2400. Achaintre. Histoire de Marie-Antoinette, archiduchesse d'Autriche, reine de France et de Navarre. *Paris, Picard,* 1824 ; in-12, portr. et fig., veau fauve, dos fleurdelisé, fil., tr. dor. *(Simier).* 20 fr.

2401. Actrices (les) de Paris. Portraits de E. de Liphart, texte par MM. E. Bergerat, D. Bernard, J. Claretie, Guy de Maupassant, F. Sarcey, etc. *Paris, H. Launette,* 1882 ; gr. in-8, *en feuilles,* dans un carton. 30 fr.

Exemplaire sur PAPIER VÉLIN, avec les vignettes tirées en bistre.

2402. Adeline (Jules). Hippolyte Bellangé et son œuvre. Avec eauxforte et fac-simile. *Paris, Quantin,* 1880 ; gr. in-8, br. 8 fr.

Portrait et figures.

2403. Adeline (Jules). Les Sculptures grotesques et symboliques (Rouen et ses environs). Préface par Champfleury. *Rouen, Augé,* 1878 ; in-8, br. 15 fr.

100 vignettes sur bois par *J. Adeline.*

2404. Aderer (Adolphe). Pour une Rose. Ouvrage illustré de 45 gravures d'après les dessins de Morion, Liéger et Dubouchet. *Paris, Jouvet,* 1895 ; in-4, cart. ill., tr. dor. 6 fr.

2405. Aimé-Martin. Lettres de Sophie sur la Physique, la Chimie et l'Histoire naturelle. *Paris, Lefèvre,* 1822 ; 2 vol. in-8, demi-rel. veau vert, dos orné, tr. marbr. 10 fr.

Figures coloriées.

2406. Aimé-Martin (L.). Plan d'une Bibliothèque universelle. Etude des livres qui peuvent servir à l'histoire littéraire et philosophique du genre humain. *Paris, Desrez,* 1837 ; in-8, demi-rel. veau. 3 fr.

2407. Album de la Mode. Chroniques du Monde fashionable, ou choix de morceaux de littérature contemporaine, par M. Jules Janin, Henry Martin, Gustave Drouineau, vicomte de Marquessac, Alexandre Dumas, Gustave Albitte, Emile Deschamps, Jules Lacroix, vicomte d'Arlincourt, P.-L. Jacob, Petrus Borel et Eugène Sue. *Paris, Louis Janet,* 1833 ; in-8, demi-rel. chagr. rouge, tr. dor. 25 fr.

Nouvelles romantiques. — Lithographies par *Devéria* et *Alfred Johannot.*

2408. Albums (Petits) pour rire. *Paris, Marésq et Philipon fils, s. d. ;* 3 vol. in-8, cart. toile. 35 fr.

Spirituelles caricatures gravées sur bois: les Lorettes, les Actrices, Plaisirs champêtres, les Grotesques, le Carnaval, Croquades, etc. 48 numéros (sur 81): n°⁸ 3, 5, 6, 8, 11, 13 à 15, 18, 23, 24, 26 à 28, 31, 35, 37, 38, 40, 43, 46, 48 à 55, 57 à 60, 63 à 69, 71, 73, 74, 76 à 79, 81. Rare.

2409. Alembert. Le Tombeau de Mlle de Lespinasse, par d'Alembert et par le comte de Guibert, publié par le bibliophile Jacob. *Paris, Jouaust,* 1879 ; in-12, mar. rouge, dos orné, fil., tr. dor. *(Masson-Debonnelle).* 20 fr.

Charmant frontispice gravé à l'eau-forte par *Lalauze.*

2410. Alexandre (Arsène). Histoire populaire de la Peinture. *Paris, Henri Laurens* (1893-1894) ; 2 vol. in-4, br. 20 fr.

Ecole française. — Ecoles flamande et hollandaise.
500 gravures sur bois.

2411. Alexandre (Arsène). Honoré Daumier. L'homme et l'œuvre. *Paris, H. Laurens,* 1888 ; gr. in-8, br. 8 fr.

Ouvrage orné d'un portrait à l'eau-forte, de 2 héliogravures et de 47 illustrations

2412. Allut. Recherches sur la vie et les œuvres du P. Claude-François Menestrier, de la Compagnie de Jésus, suivies d'un recueil de lettres inédites de ce Père à Guichenon, et de quelques autres lettres de divers savants de son temps inédites aussi (par Paul Allut). *Lyon, Scheuring,* 1856 ; in-8, portr., pl. et fac-similés, mar. rouge, dos orné, fil., *non rogné (Hardy).* 35 fr.

Exemplaire en PAPIER VERGÉ DE HOLLANDE.

2413. Almanach royal. Année 1777. *Paris, Le Breton,* 1777 ; in-8, mar. rouge, dos orné, fil., tabis, tr. dor. *(Rel. anc.).* 100 fr.

Bel exemplaire aux armes du chancelier MAUPEOU.

Achat de Bibliothèques

2414. Almanach royal. Année bissextile 1784. *Paris, d'Houry,* 1784 ; in-8, mar. rouge, dos fleur-delisé, fil., tabis, tr. dor. (*Rel. anc.*). 100 fr.

Bel exemplaire aux armes de Armand-Thomas Hue de Miromesnil, garde des sceaux de France.

2415. Ambert (Joachim). Esquisses historiques, psychologiques et critiques de l'Armée française. *Bruxelles, Petit,* 1840 ; in-4, demi-rel. mar. violet. 25 fr.

16 lithographies, en couleurs, de costumes et de scènes militaires de *H. Verbeyst* d'après *Aubry.*

2416. Amelot de la Houssaye. Histoire du gouvernement de Venise, avec le Supplément ; par le sieur Amelot de La Houssaie, et l'Examen de la liberté originaire de Venise. *Sur la copie, à Paris, chez Frédéric Léonard,* 1677 ; 3 parties en 2 vol. pet. in-12, front., mar. rouge, fil. à froid, tr. dor., non rog. (*Trautz-Bauzonnet*) 200 fr.

Édition s'annexant à la collection elzévirienne (Willems, n° 1907).
Exemplaire non rogné. Haut.: 142 mill.

2417. Amours (les) de Messaline, cy-devant reine de l'isle d'Albion. Où sont découverts les secrets de l'imposture du prince de Galles, de la Ligue avec la France et d'autres intrigues de la cour d'Angleterre, depuis ces quatre dernières années, par une personne de qualité, confidente de Messaline. Traduit de l'anglois (par Gregorio Leti). *A Cologne, P. Marteau,* 1689 ; pet. in-12, mar. rouge, fil. à froid, milieux, tr. dor. (*Lortic*). 40 fr.

Édition originale de ce violent pamphlet contre Eléonore d'Este, reine d'Angleterre, femme de Jacques II, réfugiée à Saint-Germain. L'auteur, que l'on a supposé être Gregorio Leti, se dit une personne de qualité, confidente de cette reine.

2418. Annales (les) de Saint-Bertin et de Saint-Vaast, suivies de fragments d'une chronique inédite, publiées par l'abbé C. Dehaisnes. *Paris, veuve Renouard,* 1871 ; in-8, broché. 5 fr.

Les Annales de Saint-Bertin ont été écrites au IXᵉ siècle, par trois auteurs dont le premier est inconnu, et dont les autres sont S. Prudence, évêque de Troyes, et Hincmar, archevêque de Reims. Celles de Saint-Vaast sont l'œuvre d'un moine anonyme de l'abbaye de Saint-Vaast d'Arras.

De la collection de la Société de l'histoire de France.

2419. Ancelon. La Vérité sur la fuite et l'arrestation de Louis XVI à Varennes d'après des documents inédits. *Paris, E. Dentu,* 1866 ; cart. toile, *non rogné.* 5 fr.

Portraits et vues photographiques.

2420. Apollon et les Muses ; calendrier pour l'année 1807. *Paris, Chaise, s. d. ;* in-8, mar. vert, dos orné, fil., tr. dor. (*Canape-Belz*). 70 fr.

10 charmantes figures en couleur en forme de médaillons représentant Apollon et les Muses.
Bel exemplaire.

2421. Apologie catholique contre les libelles, déclarations, advis, et consultations faictes, escrites, et publiées par les liguez perturbateurs du repos du Royaume de France : qui se sont eslevez depuis le decès de feu Monseigneur, frère unique du roy. Par E. D. L. J. C. S. l., 1585 ; in-8, mar. bleu, tr. dor. (*Trautz-Bauzonnet*) 75 fr.

Ouvrage attribué à Pierre de Belloy, quoique les initiales qui se lisent sur le titre semblent désigner Edmond de l'Alouette, jurisconsulte.

2422. Appert. Dix ans à la Cour du roi Louis-Philippe, et souvenirs du temps de l'Empire et de la Restauration, par B. Appert. *Berlin et Paris,* 1846 ; 3 vol. in-8, cart., *non rognés.* 12 fr.

Anecdotes curieuses sur la famille du roi Louis-Philippe.

2423. Archives de l'Art français. Recueil de documents inédits relatifs à l'histoire des arts en France, publié sous la direction de Ph. de Chennevières. *Paris, Dumoulin,* 1851-1860 ; 6 vol. in-8, demi-rel. veau fauve, tête dor., *non rog.* 25 fr.

Nombreux documents inédits.

2424. Armandi (le chev. P.). Histoire militaire des Éléphants, depuis les temps les plus reculés jusqu'à l'introduction des armes à feu. *Paris, Amyot,* 1843; cart., *non rog.* 4 fr.

2425. Armengaud. Les Galeries publiques de l'Europe. Italie. *Paris, Lahure,* 1862 ; in-4, demi-rel. chagr. bleu, tête dor., *non rog.* 15 fr.

Belles figures sur bois.

Et de Livres anciens et modernes

2426. **Armoiries** des salles des Croisades des galeries historiques du palais de Versailles. *Paris, impr. royale,* 1840-1844 ; 2 vol. in-8, demi-rel. veau fauve.   12 fr.

Beaux blasons gravés sur bois.
De la bibliothèque du vicomte Grossol-les-Flamarens.

2427. **Arnauld d'Andilly.** Mémoires de messire Robert Arnauld d'Andilly, escrits par lui-même (jusqu'en 1656 et publiés par l'abbé Goujet). *Hambourg, Vanden-Hoeck (Paris),* 1734 ; 2 parties en 1 vol. in-8, mar. rouge, tr. dor. (*Trautz-Bauzonnet,* 1879)   120 fr.

Très bel exemplaire.

2428. **Arnault** (A.-V.). Vie politique et militaire de Napoléon. *Paris, Babeuf,* 1822-1826 ; 2 vol. in-fol., demi-rel. mar. rouge, *non rogné.*   120 fr.

Très bel ouvrage illustré d'un frontispice, de 2 portraits de Napoléon et 132 planches lithographiées par les meilleurs artistes de l'époque.

2429. **Arts** (Les) du bois, des tissus et du papier, par MM. de Champeaux, Darcel, Gaston Le Breton, Germain Bapst, Duplessis, V. Champier. *Paris, Quantin,* 1883 ; in-4, br.   12 fr.

Illustré de 338 gravures. Cet ouvrage forme une véritable encyclopédie de l'Art industriel.

2430. **Assoucy** (Charles d'). Les Avantures de monsieur d'Assoucy. *Paris, Claude Audinet,* 1678 ; 2 tomes en un vol. in-12, portr., mar. citron, dos orné, fil., tr. dor. (*Chambolle-Duru*)   70 fr.

D'Assoucy a inséré dans le récit de ses avantures un assez bon nombre de vers, parmi lesquels se trouve la pièce célèbre qu'il fit en quittant Montpellier : « Pourquoi donc, sexe au teint de rose... ». Ce livre est surtout recherché pour les détails qu'on y trouve sur Molière, dont d'Assoucy suivit la troupe pendant quelque temps.

2431. **Aubigné.** Les Aventures du baron de Fæneste comprinses en quatre parties. Les trois premières reveues, augmentées et distinguées par chapitres. Ensemble la quatriesme partie nouvellement mise en lumière, le tout par le mesme autheur (Théodore Agrippa d'Aubigné). *Au Dézert, imprimé aux despens de l'autheur,* 1630 ; in-8 de 6 ff. prél. et 308 pp., mar. rouge,

fil. à froid, tr. dor. (*Trautz-Bauzonnet,* 1850)   150 fr.

Première édition complète.
Exemplaire du second tirage sous cette date, c'est-à-dire avec les trois dernières pages régulièrement chiffrées.

2432. **Audouard** (Olympe). Silhouettes parisiennes. *Paris, Marpon et Flammarion,* 1883 ; pet. in-8 carré, demi-rel. dos et coins de mar. bleu, tête dor., *non rog.* (*Canape-Belz*) 7 fr.

31 portraits.

2433. **Augier.** Lions et Renards, comédie en cinq actes, en prose. *Paris, Michel Lévy,* 1870 ; in-8, mar. rouge, dos orné, fil., tr. dor. (*Behrends*)   30 fr.

Édition originale avec envoi autographe de l'auteur.

2434. **Augier** (Émile). Théâtre complet. *Paris, Calmann Lévy,* 1890 ; 7 vol. in-18, cart. toile, *non rog.* 25 fr.

Exemplaire à l'état de neuf.

2435. **Aumale** (Duc d'). Histoire des princes de Condé pendant les XVIe et XVIIe siècles. *Paris, Michel Lévy,* 1863-1864 ; 2 vol. in-8, portr., demi-rel. chagr. bleu.   8 fr.

Tomes I et II seuls.

2436. **Auton.** Chronique de Jean d'Auton, publiées pour la première fois en entier, d'après les mss. de la bibliothèque du roi, avec une notice et des notes, par Paul L. Jacob. *Paris, Silvestre,* 1834-1835 ; 4 vol. in-8, demi-rel. dos et coins de mar. rouge, dos orné, tête dor., *non rognés* (*Belz-Niedrée*).   40 fr.

Bel exemplaire.

2437. **Aventures** (les) de Pomponius, chevalier romain, ou l'histoire de notre tems (par Labadie, revues et publiées par l'abbé Prevost). *Rome, héritiers de Ferranti Pallavicini,* 1725 ; in-12, veau fauve, dos orné, fil., tr. dor. (*Rel. anc.*) 8 fr.

Ouvrage satyrique dirigé contre le Régent, Philippe d'Orléans.

2438. **Aventures** (Les) du Gourou Paramarta. Conte indien, traduit par l'abbé Dubois, orné de nombreuses eaux-fortes par Bernav et Cattelain. *Paris, Barraud,* 1877 ; gr. in-8, mar. vert olive jans., tête dor., *non rogné* (*E. Rousselle*) 40 fr.

L'un des 150 exemplaires tirés sur papier de Chine. Très bel exemplaire.

2439. Avantures satyriques de Florinde, habitant la basse région de la Lune. *S. l.,* 1625 ; in-8, veau. 50 fr.

L'auteur, qui se cache sous le nom de son héros, Florinde, dit dans sa préface : « La malice insupportable des esprits de ce siècle m'a forcé, sans égard, d'en dire mon sentiment excusable en mes défauts, si par un chemin jusques icy peu cognu des esprits françoys, j'ay eu le courage de mettre au jour ces avantures ». Il termine par un panégyrique du roi Louis XIII, panégyrique en strophes qui sent son historiographe et qui me donne à penser que Florinde est le pseudonyme de Ch. Sorel, auteur de Francion. (P. Lacroix).
Exemplaire de VIOLLET-LE-DUC.

2440. Azeglio (Massimo d'). Mes Souvenirs. Traduit de l'italien par Mlle H. Doüesnel. *Paris, Sandoz et Fischbacher,* 1876 ; 2 vol. in-12, cart., *non rognés.* 5 fr.

2441. Babié (F.) et **Beaumont** (L.). Galerie militaire, ou notices historiques sur les généraux en chef, généraux de division, etc. ; vice-amiraux, contre-amiraux, qui ont commandé les armées françaises depuis le commencement de la Révolution jusqu'à l'an XIII. *Paris, Barba, an XIII* (1805) ; 7 vol. in-12, demi-rel. dos et coins de mar. rouge, tr. rouge (*E. Rousselle*). 75 fr.

Nombreux portraits en taille-douce. Très bel exemplaire.

2442. Bachelin-Deflorenne. La Science des Armoiries, avec gravures dans le texte. *Paris, libr. des Bibliophiles,* 1880 ; in-8, demi-rel. dos et coins de mar. rouge, tête dor., *non rogné.* 12 fr.

2443. Bal costumé. Souvenir of the bal costumé, given by queen Victoria at Buckingham Palace, may 12, 1843, the drawings from original dresses by Coke Smyth ; the descriptive letter press by J.-R. Planché. *London,* 1843 ; in-fol., demi-rel. chagr. rouge. 120 fr.

52 pl. exécutées en or et en couleur.

2444. Bals de l'Opéra. Costumes du quadrille historique. *Paris, Rittner et Goupil, s. d.* (*vers* 1840) ; in-fol., cart. 100 fr.

Frontispice et 17 belles planches coloriées de costumes, lithographiées d'après les dessins de *H. Dupont, E. Delacroix, Boulanger, Saint-Evres, Robert-Fleury, T. Johannot, Devéria, Lami,* etc., et contenus dans de jolis encadrements composés par *Chenavard.*

2445. Baldus (E.). Palais de Ver-
sailles. Grand et Petit Trianon. Motifs de décoration intérieure et extérieure. *Paris, Morel,* 1876 ; infol., *en feuilles* dans un cart. 75 fr.
99 planches.

2446. Balzac (Guez de). ŒUVRES de Jean - Louis Guez de Balzac. *Amsterdam et Leyde, Elzevier,* 1652-1664 ; 7 vol. in-12, front., mar. rouge, fil. à froid, *non rognés* (*Bauzonnet-Trautz*). 500 fr.

Très jolie édition imprimée par les *Elzevier.*
EXEMPLAIRE NON ROGNÉ, ainsi composé: Lettres choisies. *Amsterdam,* 1678. — Œuvres diverses. *Amsterdam,* 1664. — Lettres familières à Chapelain. *Leyde,* 1656. — Aristippe. *Amsterdam,* 1664. — Les Entretiens. *Amsterdam,* 1663. — Lettres à Conrard. *Amsterdam,* 1664. — Socrate chrestien. *Arnhem,* 1675.

2447. Barante (Baron de). Mélanges historiques et littéraires. *Paris, Ladvocat,* 1835 ; 3 vol. in-8, cart., *non rognés.* 15 fr.

2448. Bardoux. La Bourgeoisie française, 1789-1848, par A. Bardoux. *Paris, C. Lévy,* 1886 ; in-8, cart., *non rogné.* 3 fr.

2449. Bareith (la margrave de). Mémoires de Frédérique-Sophie Wilhelmine de Prusse, margrave de Bareith, sœur de Frédéric-le-Grand ; écrits de sa main. *Paris, Buisson,* 1811 ; 2 vol. in-8, demi-rel. bas. 10 fr.

2450. Barère (B.). Mémoires, publiés par MM. Hippolyte Carnot et David (d'Angers). *Paris, Labitte,* 1842-1844 ; 4 vol. in-8, port., br. 12 fr.

2451. Bargagli (Scipion). I Trattenimenti di Scipion Bargagli ; dove da vaghe donne, e da giovani huomini rappresentati sono honesti, e dilettevoli givochi : narrate novelle e cantate alcune amorose canzonette. *In Venetia, appr. Bernardo Giunti,* 1587 ; in-4, mar. vert foncé, dos orné, fil. à froid, tr. dor. (*Thompson*). 60 fr.

Bel et rare exemplaire de l'ÉDITION ORIGINALE de ce recueil de nouvelles.

2452. Barre (Le Père Joseph). HISTOIRE GÉNÉRALE D'ALLEMAGNE par le P. Barre, chanoine de Sainte-Geneviève. *Paris, Delespine et Hérissant,* 1748 ; 10 tomes en 11 vol.

in-4, mar. vert olive, dos orné, fil., tr. dor. (*Rel. anc.*) 600 fr.

Frontispice gravé par *Le Bas*, d'après *Caze*, portrait par *Daullé* et vignettes en-têtes.

Très bel exemplaire aux armes de Madame VICTOIRE, fille du roi Louis XV.

2453. Barruel. Mémoires pour servir à l'histoire du Jacobinisme, nouvelle édition revue et corrigée par l'auteur. *Lyon, Th. Pitrat,* 1818-1819 ; 4 vol. in-8, demi-rel. chagr. violet. 15 fr.

2454. Basan. Dictionnaire des Graveurs anciens et modernes depuis l'origine de la gravure, par F. Basan. Seconde édition, considérablement augmentée. *Paris,* 1789 ; 2 vol. in-8, fig., demi-rel. chagrin violet, *non rognés.* 120 fr.

Ouvrage réputé, orné de 2 frontispices par *Cochin* et *Pierre*, de 50 figures par *Ahamet, Bertaux, Callot, Choffard, Eisen, Della Bella, Marillier, Moreau, B. Picard, Watelet, Weirotter,* etc., etc., et de 3 en-têtes par *Choffard.*
Bel exemplaire.

2455. Bassompierre. MÉMOIRES DU MARESCHAL DE BASSOMPIERRE contenant l'histoire de sa vie et de ce qui s'est fait de plus remarquable à la Cour de France pendant quelques années. *Cologne, Pierre du Marteau,* 1665 ; 2 vol. — Ambassade du Mareschal de Bassompierre en Suisse l'an 1625. *Cologne, Pierre du Marteau (à la Sphère),* 1668 ; 2 tomes en 1 vol. — Ambassade du Mareschal de Bassompierre en Espagne l'an 1621. *Cologne, Pierre du Marteau (à la Sphère),* 1668. — Negociation du Mareschal de Bassompierre, envoyé ambassadeur extraordinaire en Angleterre, de la part du Roy treschrestien, l'an 1626. *Cologne, Pierre du Marteau (à la Sphère),* 1668 ; 2 ouvrages en 1 vol. Ens. 4 vol. in-12, mar. rouge, dos orné, fil., tr. dor. (*Bauzonnet*). 500 fr.

EDITION ORIGINALE des *Mémoires* et la seule qui soit sortie des presses elzéviriennes ; elle a été exécutée à Leyde par la veuve et les héritiers de Jean Elzevier. Bonne édition sous cette date des *Ambassades* ; elle sort des presses des Steucker et s'annexe aux Elzeviers (Willems, *les Elzevier,* nᵒˢ 891 et 1783).
Hauteur : 132 et 133 mill. — Mouillure au volume *Ambassade d'Espagne.*

2456. Bauderon de Senecé. Satyres nouvelles. *Paris, Pierre*

Aubouyn, 1695 ; in-12, réglé, mar. rouge, dos orné, fil., tr. dor. (*Hardy*). 40 fr.

EDITION ORIGINALE.

2457. Beaumarchais. La Folle Journée ou le Mariage de Figaro, comédie en cinq actes en prose par M. de Beaumarchais. *De l'imp. de la Société Littéraire typographique et se trouve a Paris chez Ruault,* 1785 ; in-8, mar. rouge, dos orné, fil., tr. dor. (*Marius-Michel*). 250 f.

Bel exemplaire tiré sur GRAND PAPIER VÉLIN contenant la suite des 5 figures dessinées par *Saint-Quentin,* gravées par *Halbou, Liénard* et *Lingée.*

2458. Beautés (les) de l'Opéra, ou Chefs-d'œuvre lyriques, illustrés par les premiers artistes de Paris et de Londres, sous la direction de Giraldon, avec un texte explicatif rédigé par Th. Gautier, J. Janin et Philarète Chasles. *Paris, Soulié,* 1845 ; in-4, demi-rel. chagr. brun, dos orné, tête dor., éb. 20 fr.

Encadrements variés à chaque page du texte. — 10 portraits sur acier d'après *Charpentier, Vidal, Chalon, Smith* et *Dauvergne* ; figures sur bois dessinées par *Brugnot, Nanteuil, Bernard, Collignon, Beaucé* et *Corbould.* — Couverture conservée.

2459. Beauvais-Nangis. Mémoires du marquis de Beauvais-Nangis et journal du procès du marquis de La Boulaye, publiés par MM. Monmerqué et A.-H. Taillandier. *Paris, veuve Renouard,* 1862 ; in-8, broché. 5 fr.

De la collection de la *Société de l'histoire de France.*

2460. Bédarride. Les Juifs en France, en Italie et en Espagne. Recherches sur leur état depuis leur dispersion jusqu'à nos jours sous le rapport de la législation, de la littérature et du commerce. *Paris, Michel Lévy,* 1861 ; in-8, br. 4 fr.

2461. Bégis (Alfred). Billaud Varenne. Membre du comité de salut public, mémoires inédits et correspondance accompagnés de notices biographiques sur Billaud Varenne et Collot-d'Herbois. *Paris, libr. de la Nouvelle Revue,* 1893 ; in-8, portr., br. 5 fr.

2462. Bellot (J.-R.). Journal d'un Voyage aux mers polaires exécuté à la recherche de sir John Franklin en 1851 et 1852. Précédé d'une notice sur la vie et les travaux de l'auteur par M. Julien Lemer. *Paris, Perrotin*, 1854; in-8, demi-rel. chagr. rouge. 5 fr.

> Portrait de l'auteur en taille-douce et carte.

2463. **Bellune** (Victor-François-Perrin, duc de). Extrait d'une histoire inédite des guerres de la République et de l'Empire. *Paris, Vve Dondey-Dupré*, 1853; in-8, br. 4 fr.

2464. **Belot** (Adolphe). Une Lune de miel à Monte Carle. *Paris, Dentu,* 1887; pet. in-8 carré, demi-rel chag. bleu, tête dor., *non rogné.* 4 fr.

> Figures et planches.

2465. **Benoit-Lévy** (Ed.). Histoire de quinze ans. Récit des évènements politiques contemporains depuis le 4 septembre 1870 jusqu'au 28 décembre 1885. *Paris,* 1885; gr. in-8, fig., br. 5 fr.

> Envoi d'auteur.

2466. **Béranger.** Chansons. *Paris, Perrotin,* 1859; 2 vol. — Dernières Chansons. *Paris, Perrotin,* 1860; 1 vol. — Ma Biographie. *Paris, Perrotin,* 1860; 1 vol. — Musique des Chansons. *Paris, Perrotin,* 1858; 1 vol. — Correspondance recueillie par Paul Boiteau. *Paris, Perrotin,* 1860, 4 vol. Ens. 9 vol. in-8, demi-rel. chagr. vert. 40 fr.

> 76 figures de *Charlet, Lemud, Johannot, Grenier, Pauquet, Raffet,* etc., gravées sur acier, et 120 figures gravées sur bois d'après *Grandville.*

2467. **Berbiguier.** Les Farfadets, ou tous les démons ne sont pas de l'autre monde. *Paris, l'auteur,* 1821; 3 vol. in-8, demi-rel. basane. 15 fr.

> 8 lithographies.
> Lorédan Larchey a consacré à Berbiguier de terre neuve du Thym, une de ses notices humoristiques dans ses « Gens singuliers » publiés en 1867.

2468. — Le même. *Paris,* 1821; 3 vol. in-8, br. 15 fr.

2469. **Bergerat** (Emile). L'Amour en République. Etude sociologique, 1870-1889. *Paris, E. Dentu,* 1889; pet. in-8, mar. brun, dos orné, fil., coins remplis, tête dor., *non rogné* (*Bretault*). 40 fr.

> Encadrement du texte par *Pallandre,* gravé sur bois par *Méaulle.*

L'un des 20 exemplaires (n° 3) sur PAPIER DE HOLLANDE.

2470. **Bergerat** (Émile). La Chasse au Mouflon ou Petit Voyage philosophique en Corse. *Paris, Delagrave, s. d.* (1890); gr. in-8, cart., tête dor., *non rogné.* 5 fr.

> 43 gravures hors texte d'après des photographies et 55 dessins de Mᵐᵉ E. Bergerat. — Partie supérieure du faux-titre enlevée.

2471. **Bernard** (Aug.). Geoffroy Tory, peintre et graveur, premier imprimeur royal. Deuxième édition. *Paris, Tross,* 1865; in-8, *br.* 5 fr.

> Biographie de Tory, et bibliographies des ouvrages publiés par ce célèbre imprimeur français du XVIᵉ siècle.

2472. **Bernard** (Aug.). Histoire de l'Imprimerie royale au Louvre. *Paris, impr. impériale,* 1867; in-8, br. 3 fr.

2473. **Bertrand** (Louis). Gaspard de la Nuit. Fantaisies à la manière de Rembrandt et de Callot. Précédé d'une notice par M. Sainte-Beuve. *Angers, Pavie ; Paris, Labitte,* 1842 ; in-8, br., couv. 40 fr.

> ÉDITION ORIGINALE. Légères mouillures.

2474. **Bertrand-Moleville** (A.-F.). Mémoires particuliers pour servir à l'histoire de la fin du règne de Louis XVI. *Paris, Michaud,* 1816 ; 2 vol. in-8, demi-rel. bas. 12 fr.

2475. **Bi-bi,** conte, traduit du chinois par un français. Première et peut-être dernière édition. *A Mazuli, chez Khilo-Khula. imprimeur privilégié pour les mauvais ouvrages, l'an du Sal-Chodaï 623 (vers 1746)* ; pet. in-8, mar. rouge, dos orné, fil., tr. dor. (*Capé*). 30 fr.

> Cet ouvrage est dû à François-Antoine Chevrier.

2476. **Bibliophile** (Le) français. Gazette illustrée des amateurs de livres, d'estampes et de haute curiosité. *Paris, Bachelin-Deflorenne,* 1868-1873 ; 7 vol. gr. in-8, fig., demi-rel. dos et coins de mar. rouge, tête dor., *non rognés (Belz-Niedrée).* 120 fr.

> Ouvrage fort intéressant, contenant de nombreuses reproductions de reliures. de fac-simile d'impression, et un grand nombre de portraits de bibliophiles et de bibliographes célèbres.
> Très bel exemplaire.

Et de Livres anciens et modernes

2477. Billaut (Adam). Les Chevilles de Me Adam, menuisier de Nevers. *Paris, Toussaint Quinet,* 1644 ; in-4, portr., mar. brun jans., tr. dor. (*Cuzin*).   85 fr.

ÉDITION ORIGINALE. Très bel exemplaire, dans une jolie reliure de Cuzin, contenant le portrait de l'auteur qui manque parfois.

2478. Billaut (Adam). Le Vilebrequin de Me Adam, menuisier de Nevers. Contenant toutes sortes de poësies galantes, tant en sonnets, epistres, epigrammes, elegies, madrigaux, que stances et autres pièces. *Paris, G. de Luyne,* 1663 ; pet. in-12, veau fauve, dos orné, dent., tr. dor. (*Bozérian*).   40 fr.

ÉDITION ORIGINALE.

2479. Billon (Le) d'Aur et d'Argent, de plusieurs royaumes, ducés, contés, seigneuriës, païs et villes. *Imprimé à Gand, per Josse Lambert, taylleur de lettres, Anno* 1552. — Ordonnance, statut et permission de l'impériale M. des espèces d'aur et d'argent, ayant cours au païs de par deça, publiée l'an M.D.xlviij le xvij de juillet. *Imprimé à Gand, per Josse Lambert, tailleur de lettres, l'an* 1552. Ens. 2 ouv. en 1 vol. in-8, fig. sur bois, mar. rouge, tr. dor. (*Trautz-Bauzonnet*). 250 fr.

Ces deux ouvrages, non cités par Brunet, ont été composés par Josse Lambrecht. Le premier comprend 44 ff. non chiffr. ornés de 676 figures, et le second 96 ff. non chiffr. ornés de 1.352 figures. Ces figures représentent les différentes monnaies ayant alors cours en Europe.
Bel exemplaire.

2480. Biographie du Clergé contemporain par un solitaire (l'abbé Hippolyte Barbier d'Orléans). *Paris, Appert,* 1841-1851 ; 10 tomes en 5 vol. in-12, portr., demi-rel. chagrin rouge.   25 fr.

Cette biographie comprend 121 livraisons ornées chacune d'un portrait. Elle offre, selon Vapereau, une revue spirituelle et mordante de toutes les notabilités ecclésiastiques.

2481. Biographie pittoresque des Députés. Portraits, mœurs et costumes (par Henri de Latouche, Bert, Lhéritier et Emile Deschamps). *Paris, Delaunay,* 1820 ; in-8, demi-rel. chagrin rouge.   10 fr.

15 planches gravées en taille-douce et plan de la salle des séances.
Ouvrage quelque peu satyrique, conçu dans l'esprit libéral du temps.

2482. Blanc (Charles). Grammaire des arts du dessin, architecture, sculpture, peinture. *Paris, J. Renouard,* 1867 ; gr. in-8, fig., demi-rel. mar. bleu, tête dor., *non rogné.*   35 fr.

Exemplaire en GRAND PAPIER VÉLIN. Envoi autographe de l'auteur.

2483. Blanc (Charles). Le Trésor de la Curiosité, tiré des Catalogues de vente de tableaux, dessins, estampes, livres, etc. *Paris, veuve Renouard,* 1857-1858 ; 2 vol. in-8, demi-rel. mar. rouge, tête dor., *non rognés.*   25 fr.

Cet ouvrage, des plus importants pour l'histoire de l'art et de la curiosité, donne une analyse ds toutes les ventes célèbres du XVIIIe siècle, et signale les objets les plus considérables par leur intérêt, mis en vente publique de 1737 à 1789, ainsi que leurs prix d'adjudication.
Exemplaire tiré sur PAPIER DE HOLLANDE.

2484. Blaze (Elzéar). Le Chasseur aux filets, ou la chasse des dames, contenant les habitudes, les ruses des petits oiseaux, l'art des prendre, de les nourrir et de les faire chanter. *Paris, E. Blaze,* 1839 ; in-8, cart. toile, *non rogné.* 10 fr.

4 planches en taille-douce.

2485. Blaze (Elzéar). Histoire du chien chez tous les peuples du monde. *Paris, Tresse,* 1843 ; in-8, cart.   15 fr.

Ouvrage rare.

2486. Boccace. Contes et nouvelles de Boccace, florentin. Traduction libre accommodée au goût de ce temps et enrichie de figures en taille-douce gravées par M. Romain de Hooge. *Amsterdam, George Gallet,* 1699 ; 2 vol. pet. in-8, mar. rouge, dos orné, fil., tr. dor. (*Rel. anc.*).   150 fr.

Belle édition ornée de jolies figures sur cuivre par *Romain de Hooghe.*

2487. Bonanni (Ph.). Ordinum religiosorum in ecclesia militanti Catalogus eorumque indumenta in iconibus expressa a P. Philippo Bonanni. *Romæ, G. Plachi,* 1707-1711 ; 3 vol. in-4, pl., vélin. (*Rel. anc.*).   55 fr.

Ouvrage estimé et curieux, donnant, gravé sur cuivre, tous les costumes des ordres religieux de cette époque.
Texte explicatif rédigé en latin et en ita-

Achat de Bibliothèques

lien, orné de 406 planches gravées sur cuivre.

Bel exemplaire.

2488. **Borchgrave** (Jules de). A travers l'Afrique. *Bruxelles, impr. Guyot*, 1877 ; pet. in-8, mar. rouge, dos orné, double rangée de fil., tr. dor., tabis. 10 fr.

Envoi autographe de l'auteur à S. M. Louis Ier, roi de Portugal.

2489. **Bords** (Les) du Rhône, de Lyon à la mer, par Alphonse B... (Balleydier) ; chroniques, légendes. *Paris, Maison*, 1843 ; in-8, demi-rel. basane verte, dos orné. 3 fr.

7 lithographies et une carte du cours du Rhône.

2490. **Boucher** (Adolphe). Fin des Mystères contenant 20 beaux dessins tirés du roman des Mystères de Paris, texte entièrement inédit par Adolphe Boucher. Dessins par Théoph. Fragonard. *Paris, Prin*, 1845 ; in-8, br. 10 fr.

Lithographies de *Fragonard*. — Taches de rousseur.

2491. **Bouët-Willaumez** (Amiral E.). Batailles de terre et de mer jusques et y compris la bataille de l'Alma. *Paris, Dumaine*, 1855 ; in-8, demi-rel. veau. 4 fr.

Vignettes sur bois.

2492. **Bougainville** (Baron de). Journal de la Navigation autour du globe de la frégate « la Thétis » et de la corvette « l'Espérance » pendant les années 1824, 1825 et 1826, publié par ordres du roi sous les auspices du département de la marine. *Paris, Bertrand*, 1837 ; 2 vol. in-4 et atlas in-fol., demi-rel. veau fauve, dos orné, *non rognés*. 60 fr.

Bel exemplaire. L'atlas renferme 56 planches lithographiées et en couleurs.

2493. **Bourrienne.** Mémoires de M. de Bourrienne, ministre d'Etat, sur Napoléon, le Directoire, le Consulat, l'Empire et la Restauration. *Paris et Londres, Colburn et Bentley*, 1831 ; 10 tomes en 5 vol. in-8, demi-rel. veau fauve. 30 fr.

Portraits et vignettes.

2494. **Bousquet** (J.). Les Veillées du vieux sergent. Histoire de Napoléon. *Paris, Migeon*, 1843 ; in-8, cart., *non rogné*. 15 fr.

Jolies figures sur acier, tirées sur Chine, d'après *Martinet, Testard* et *Scheffer*.

2495. **Brainne, Debarbouiller** et **Lapierre.** Les Hommes illustres de l'Orléanais, biographie générale des trois départements du Loiret, d'Eure-et-Loir et de Loir-et-Cher, publiée par MM. C. Brainne, J. Debarbouiller, Ch.-F. Lapierre. *Orléans, Gatineau*, 1852 ; 2 vol. gr. in-8, demi-rel. veau fauve, *non rognés*. 12 fr.

2496. **Brialmont**. Histoire du duc de Wellington. *Paris et Bruxelles*, 1856-1857 ; 3 vol. in-8, demi-rel. bas. 12 fr.

Très beaux portraits en héliogravure.

2497. **Briffault** (Eugène). Le Secret de Rome au XIXe siècle. 1° Le Peuple, 2° la Cour, 3° l'Eglise. *Paris, Boizard*, 1846 ; in-4, front. et fig., cart., *non rogné*. 20 fr.

Figures sur bois. Bel exemplaire. Couverture conservée.

2498. **Bruzen de la Martinière**. Introduction à l'histoire de l'Asie, de l'Afrique et de l'Amérique. Seconde édition. *Amsterdam, Zacharie Chatelain*, 1739 ; 2 vol. in-12, mar. bleu jans., tr. dor. (*Dupré*). 20 fr.

Bel exemplaire.

2499. **Buet** (Charles). Les Favoris à la Cour de Savoie au XVe siècle. *Thonon, imp. Masson*, 1893 ; in-8, demi-rel. dos et coins de mar. brun, *non rogné*. 10 fr.

Imprimé en bleu et tiré à 150 exemplaires.

2500. **Cabanon** (Émile). Un Roman pour les cuisinières. *Paris, Renduel*, 1834 ; in-8, cart. toile, incrustations en mar. sur le dos et les plats, tête dor. 12 fr.

Le frontispice manque. — Taches.

2501. **Campagne** de l'Empereur Napoléon III en Italie 1859, rédigé au dépôt de la guerre d'après les documents officiels. 1860-1861. *Paris, Impr. impériale*, 1862 ; in-4 et 2 atlas in-fol., demi-rel. chagr. vert, *non rognés*. 80 fr.

Bel exemplaire.

2502. **Canuel** (Baron). Mémoires sur la guerre de la Vendée en 1815. *Paris, Dentu*, 1817 ; in-8, br. 4 fr.

Le portrait et la carte manquent.

2503. **Cauvain** (Henri). Le grand Vaincu. Dernière campagne du Mar-

Et de Livres anciens et modernes

quis de Montcalm au Canada. *Paris, Hetzel, s. d.;* in-8, demi-rel. mar. brun, tête dor., *non rog.* 4 fr.

Illustré de dessins de *Maillart* gravés par *Ch. Barbant.*

2504. Cellini (Benvenuto). La Vie de Benvenuto Cellini écrite par lui-même, traduction de Léopold Leclanché. *Paris, Quantin,* 1881 ; gr. in-8, br. 20 fr.

PAPIER VERGÉ. Très bel ouvrage illustré de 9 eaux-fortes par *Laguillermie,* et de reproductions des œuvres du maître.

2505. Cérémonial de l'Empire français, contenant les honneurs civils et militaires ; les grands et petits costumes ; et uniformes des autorités ; les fonctions et attributions ; ce qui a rapport aux cérémonies publiques, les rangs et places, etc., par L.-J. P***. *Paris,* 1805 ; in-8, demi-rel. bas. 16 fr.

Portraits en pied et coloriés de l'Empereur, de l'Impératrice et du Pape, par *Rhoen* gravés par *Delaunay.*

2506. Champ-Repus (Jacques de). Œuvres poétiques de Jacques Champ-Repus, gentilhomme bas normand. Publiées et annotées par Marigues de Champ-Repus. *Paris, Bachelin-Deflorenne,* 1864; pet. in-8, br. 3 fr.

Tiré à 200 exemplaires sur PAPIER VERGÉ.

2507. Champsaur (Félicien). Les Ereintés de la Vie. Pantomime en un acte, illustrée par Henry Gerbault. *Paris, Dentu,* 1888 ; pet. in-8, br., couv. ill. 5 fr.

Rare.

2508. Changement (Le) de la Court. *S. l.,* 1624 ; in-8 de 31 pp., mar. citron, dos orné, fil., tr. dor. (*Trautz-Bauzonnet,* 1852). 50 fr.

Édition rarissime et non citée de deux pièces, dont la première, *le Satyrique de la Court,* est écrite en vers alexandrins et occupe les pp. 3 à 23. La seconde, *Pasquil de la Court pour apprendre à discourir,* en vers de huit pieds, commence au bas de cette dernière page et se termine à la p. 31. Le texte, imprimé en petits caractères italiques, de la p. 3 à la p. 16, est ensuite composé jusqu'à la fin en caractères deux fois plus gros.

2509. Chantelauze. Louis XVII, son enfance, sa prison et sa mort au Temple d'après des documents inédits des archives nationales. *Paris, Firmin-Didot,* 1884 ; in-8, portr., br. 6 fr.

2510. Charette (Baron de). Souvenir du régiment des Zouaves pontificaux. Rome, 1860-1870 ; France, 1870-1871. Notes et récits. Deuxième édition. (*Paris, Alcan Lévy*) s. d.; in-4 et in-fol. oblong, cart. toile (*Pierson*) 18 fr.

Planches et nombreux portraits en taille-douce, en lithographie et à l'eau-forte.

2511. Chasse (La) au loup de Mgr le Dauphin, ou le rencontre du comte du Rourre dans les plaines d'Anet. *Cologne, Pierre Marteau,* 1695 ; pet. in-12, front., mar. rouge, dos orné, fil., tr. dor. (*Chatelain*) 30 fr.

Chiffre A. G. au centre des plats.

2512. Chassériau (F.). Vie de l'amiral Duperré, ancien ministre de la marine et des colonies. *Paris, impr. nationale,* 1868 ; in-8, demi-rel. dos et coins de mar. vert, tête dor., *non rogné* (*Canape-Belz*) 8 fr.

2513. Chassiron (Ch. de). Notes sur le Japon, la Chine et l'Inde, par le baron Ch. de Chassiron. 1858. 1859. 1860. *Paris, Dentu,* 1861 ; in-8, demi-rel. dos et coins de chagr. rouge. 4 fr.

Plans de Yeddo et de Naga-Saki.

2514. Châtillon (Auguste de). La Levrette en pal'tot. *S. l. n. d.;* gr. in-8, *en feuilles.* 5 fr.

7 planches gravées à l'eau-forte. Exemplaire en grand PAPIER DE HOLLANDE.

2515. Chautard (J.). L'Ile d'Elbe et les Cent-jours. Livre de la démocratie napoléonienne. *Paris, Ledoyen,* 1851 ; in-8, cart. toile, *non rogné.* 7 fr.

2516. Cheffontaine. Chrestienne confutation du poinct d'honneur, sur lequel la noblesse fonde aujourd'huy ses monomachie et querelles. Revue et augmentée. *Paris, Arnold Sittart,* 1586 ; pet. in-8, veau fauve, dos orné, fil., tr. dor. (*Rel. anc.*) 20 fr.

Écrit contre le Duel. Nom gratté sur le titre.

2517. Cherville (Marquis G. de). Les Bêtes en robe de chambre. *Paris, F.-Didot,* 1891 ; in-4, cart. toile, fers spéciaux, tr. dor. 7 fr.

Illustré de nombreuses gravures sur bois et de 8 planches en couleurs.

2518. Chez Victor Hugo par un passant (E. Le Canu). *Paris, Ca-*

dart et Luquet, 1864 ; in-8, cart. toile, *non rogné*.   8 fr.

12 eaux-fortes par *Maxime Lalanne*. Intéressante et curieuse description de la maison du poète à Hauteville-House.

2519. **Chifflet.** Insignia gentilia equitum ordinis velleris aurei, fecialium verbis enuntiata, a J. J. Chiffletio, latine et gallice producta. Le blason des armoiries de tous les chevaliers de l'ordre de la toison d'or. *Antverpiæ, Balth. Moreti*, 1632 ; in-4, front., mar. brun, double rangée de fil. à froid, tr. dor.   70 fr.

Cet ouvrage contient les noms et la description des armoiries, au nombre de 378, de tous les chevaliers de l'ordre de la Toison d'or, depuis sa création en 1430, jusqu'au commencement du XVII° siècle.

2520. **Christian** (Pitois). L'Afrique française, l'empire du Maroc et les déserts du Sahara. Conquêtes, victoires et découvertes des français, depuis la prise d'Alger jusqu'à nos jours. *Paris, Barbier, s. d.* (1846); gr. in-8, demi-rel. chagr. noir, tr. jaspée.   15 fr.

Édition illustrée de 29 gravures sur acier ou sur bois en couleurs, tirées hors texte.

2521. **Chronique** du roy Françoys premier de ce nom, publiée par Georges Guiffrey. *Paris, veuve Renouard*, 1860; in-8, br.   6 fr.

De la collection de la *Société de l'histoire de France*.

2522. **Chroniques** de Saint-Martial de Limoges, publiées par H. Duplès-Agier. *Paris, veuve J. Renouard*, 1874; in-8, br.   5 fr.

De la collection de la *Société de l'histoire de France*.

2523. **Chroniques** du château de Gironville, extraites de la chronique latine de Turpin, de la chronique arabe de Ben-Thamar et d'un poème norvégien du IX° siècle. (Par L.-M. Duffour - Dubergier, Biarnez et autres). *Paris, Plon*, 1854; gr. in-8, cart. ill., *non rogné*.   12 fr.

Illustrations de *Beaucé*, gravures de *Pisan*. Texte encadré.

2524. **Cicéron.** [Marci Tullii Ciceronis officiorum libri tres : Paradoxa ; de Amicitia ; de Senectute ; Somnium Scipionis ; Versus XII Sapientum]. (Au recto du 131° f. :)

Anno Christi 1470 *die vero xiii mensis Augusti : Venetiis.*

E spira nato Ciceronis opuscula quinque Hæc Vindelino formis impressa fuere.

Gr. in-4 de 133 ff. non chiffr., car. ronds, cuir de Russie, dos orné, entrelacs de fil., tr. dor.   350 fr.

Très bel exemplaire de cet incunable, rare et grand de marges. Plusieurs majuscules ont été peintes en or et en couleurs.

2525. **Clairambault - Maurepas** (Recueil). Chansonnier historique du XVIII° siècle. Publié avec introduction, commentaire, notes et index par Emile Raunié. *Paris, Quantin*, 1879-1884 ; 10 vol. pet. in-8, br.   35 fr.

PAPIER VERGÉ. Portraits à l'eau-forte par *Rousselle*.

2526. **Claretie** (Jules). Camille Desmoulins, Lucile Desmoulins. Etude sur les Dantonistes. *Paris, Plon*, 1875 ; in-8, portr., br.   5 fr.

2527. **Claretie** (Jules). Les Derniers Montagnards. Histoire de l'insurrection de prairial an II (1795). *Paris, Lacroix*, 1867; in-8, br. 4 fr. 50

2528. **Classiques** (les) de la Table, à l'usage des praticiens et des gens du monde. *Paris*, 1844 ; in-8, demi-rel. bas.   20 fr.

22 portraits et vignettes. L'ouvrage renferme la Physiologie du goût de Brillat-Savarin ; la Gastronomie de Berchoux, L'Art de diner en ville de Colnet, etc.

2529. **Clausolles** (M.-P.). L'Algérie pittoresque ou histoire de la régence d'Alger depuis les temps les plus reculés jusqu'à nos jours. *Paris, Belin*, 1843 ; in-4, demi-rel. mar. rouge.   4 fr.

Illustré de 120 gravures sur bois et d'une carte.

2530. **Clément** (Pierre). Une abbesse de Fontevrault du XVII° siècle. Gabrielle de Rochechouart de Mortemart. *Paris, Didier*, 1869 ; in-8, portr., br.   4 fr.

PAPIER VERGÉ.

2531. **Clermont - Gallerande** (Charles-Georges, marquis de). Mémoires particuliers pour servir à l'Histoire de la Révolution qui s'est opérée en France en 1789. *Paris, Dentu*, 1826 ; 3 vol. in-8, demi-rel. bas.   12 fr.

2532. **Cléry.** Journal de ce qui s'est

passé à la tour du Temple pendant la captivité de Louis XVI, roi de France. *Londres, l'auteur, 1798* ; in-8, demi-rel. mar. rouge, éb., *non rogné.*   8 fr.

Vue et plan de la tour du Temple.

2533. **Cléry.** Journal de Cléry, suivi des dernières heures de Louis seize, par Edgeworth de Firmont ; du récit des événements arrivés au Temple par Madame Royale, fille du Roi. *Paris, Baudouin,* 1825 ; in-8, cart.   5 fr.

2534. **Cochelet** (Mlle). Mémoires sur la reine Hortense et la famille impériale, par Mlle Cochelet, lectrice de la reine (Madame Parquin). *Paris, Ladvocat,* 1836-1833 ; 4 vol. in-8 , portr., demi-rel. chagr. vert.   40 fr.

Rares et intéressants mémoires sur l'époque impériale.

2535. **Collection** de Portraits des Français célèbres par leurs actions ou leurs écrits, gravés par les meilleurs artistes français et anglais, d'après des originaux authentiques et accompagnés de notices biographiques. *Paris Lami-Denozan et Firmin-Didot,* 1828 ; in-8, cuir de Russie, dos orné, fil., tr. dor.   25 fr.

Première série. — Littérateurs. — 50 portraits par Hopwood.

2536. **Collection** des Mémoires relatifs à la Révolution Française. *Paris, Baudouin,* 1821-1824; 8 vol. in-8 , demi-rel. veau bleu , dos orné, *non rognés.*   50 fr.

Mémoires de Mme Roland, 2 vol. — Mémoires sur la vie privée de Marie-Antoinette, par Mme Campan, 3 vol. — Mémoires de Mme la marquise de Bonchamps, rédigés par Mme la comtesse de Genlis et Mémoires de Mme la marquise de la Rochejaquelin. — Mémoires sur la Convention et le Directoire, par A.-C. Thibeaudeau, 2 vol.

2537. **Colletet.** Epigrammes du Sieur Colletet, avec un discours de l'épigramme... *Paris, Louis Chamhoudry,* 1653; in-12, mar. rouge tr. dor.(*Trautz-Bauzonnet,*1868).100f.

Édition rare et recherchée.

2538. **Colletet.** Les Divertissements de Colletet. *Paris, Rob. Estienne,* 1631 ; in-8, mar. rouge, dos orné, fil., tr. dor. (*A. Motte*).   150 fr.

Édition originale.
Exemplaire grand de marges.

2539. **Colletta** (Général). Histoire du royaume de Naples depuis Charles VII jusqu'à Ferdinand IV (1734 à 1825). Traduite de l'italien par Ch. Lefèvre et L. B. (Louis Bellaguet). *Paris, Ladvocat,* 1835 ; 4 vol. in-8, cart., éb., couv. 16 fr.

2540. **Comptes** (Les) **du monde** avantureux, contenant liiij discours par A. D. S. D. De nouveau augmentées de cinq discours modernes facécieux, advenus en divers pays pendant les guerres civiles en France. *Paris, Claude Michard,* 1582; in-16 réglé, mar. citron, tr. dor. (*Trautz-Bauzonnet,*1853).   350 fr.

Jolie édition de ce recueil de nouvelles dont une vingtaine sont tirées de Masuccio.

2541. **Conclavi** de' Pontefici romani. Quali si sono potuti trovare fin à questo giorno. *S. l. (Amsterdam),* 1668 ; un tome en 2 vol. pet. in-12, front., mar. rouge, dos orné, fil., tr. marbr. (*Rel. anc.*).   120 fr.

On a relié à la suite : Conclave fatto per la sede vacante d'Alessandro VII, nel quale fu creato pontefici il cardinale Guilio Rospegliosi, 1669.
Joli exemplaire aux armes de J.-B. Colbert. — Haut. 130 mm.

2542. **Conjuration** (La) du comte Jean-Louis de Fiesque (par le cardinal de Retz). *Cologne (Amsterdam, D. Elzevier),* 1665 ; pet. in-12, mar. brun, dos orné, fil., tr. dor.   45 fr.

Haut. 132 mm.

2543. **Corréard** et **Savigny.** Naufrage de la frégate la Méduse, faisant partie de l'expédition du Sénégal, en 1816 ; par A. Corréard et H. Savigny. Cinquième édition, entièrement refondue, ornée de huit gravures, par M. Géricault, et autres artistes. *Paris, Corréard,* 1821 ; in-8, cart., *non rogné.* 20 fr.

Portrait en couleur du roi Zaïde, plan du radeau et figures lithographiées.
Ouvrage rare relatant toutes les péripéties de ce célèbre et terrible naufrage.

2544. **Corrozet** (Gilles). Les Antiquitez croniques et singularitez de Paris, ville capitale du royaume de France avec les fondations et bastiments des lieux ; les sepulchres et epitaphes des princes, princesses et autres personnes illustres, par Gilles Corrozet, Parisien, et depuis

Achat de Bibliothèques

augmentées par N. B. (Nicolas Bonfons) Parisien. *Paris, Nicolas Bonfons,* 1586-1588 ; 2 tomes en un vol. in-8, peau de truie, dos orné, fil. à froid, tr. dor. (*Trautz-Bauzonnet*). 175 fr.

> Ouvrage des plus précieux pour l'histoire de Paris, particulièrement pour les épitaphes que renfermaient alors les églises et monastères de cette ville.
> Rare édition, la première où paraissent les figures de *Rabel*, représentant les sépultures des rois et autres grands personnages célèbres.

2545. Cotin (L'abbé). Œuvres galantes de M. Cotin tant en vers qu'en prose... Seconde édition augmentée. *Paris, Estienne Loyson,* 1665 ; 2 vol. in-12, front. gravé par Matheus, mar. bleu, tr. dor. (*Trautz-Bauzonnet,* 1868). 200 fr.

> C'est dans la seconde partie de ce recueil que se trouve (p. 512) le fameux *Sonnet à la princesse Uranie,* ridiculisé par Molière dans les *Femmes savantes :*
>
> Votre prudence est endormie
> De traiter magnifiquement
> Et de loger superbement
> Vostre plus cruelle ennemie.
>
> . . . .
>
> Ce sonnet est dédié à Mme de Longueville, depuis duchesse de Nemours.
> A la page 564 se lit également le non moins célèbre madrigal *sur un carosse de couleur amarante :*
>
> . . . .
>
> Et quand tu vois ce beau carosse
> Où tant d'or se relève en bosse.
>
> . . . .

2546. Cour (la) de Hollande sous le règne de Louis Bonaparte, par un auditeur (Ath. Garnier). *Paris, Persan,* 1823 ; in-8, demi-rel. bas. 5 fr.

2547. Coyer (Abbé). Histoire de Jean Sobieski, roi de Pologne. *Paris, Duchesne,* 1761 ; 3 vol. in-12, veau, dos orné, fil., tr. rouge (*Rel. anc.*). 8 fr.

> Portrait dessiné par *Garand,* gravé par *Chenu.*

2548. Crébillon fils. La Nuit et le Moment, ou les matines de Cythere, dialogue. Nouvelle édition. *Londres et se trouve à Amsterdam (Paris),* 1776 ; in-12, mar. citron, dos orné, fil., tr. dor. (*Hardy*). 25 fr.

> Joli exemplaire.

2549. Crétineau-Joly. Un Fils de pair de France. Troisième édition. *Paris, Dentu,* 1839 ; in-8, demi-rel. mar. rouge, *non rogné.* 3 fr.

2550. Cruikshank's (George) illustrations of Humphrey Clinker, Roderick Random, Peregrine Pickle, Tom Jones, Joseph Andrews, Amelia, Vicar of Wakefield, sir Lancelot Greaves. *London, Charles Tilt,* 1836 ; in-12, cart., *non rogné.* 100 fr.

> L'un des ouvrages rare et recherché du célèbre artiste humoriste anglais, illustré de 41 eaux-fortes dessinées et gravées par *Cruikshank* lui-même.

2551. Dampmartin (A.-H.). Mémoires sur divers évènemens de la Révolution et de l'émigration. *Paris, Hubert,* 1825 ; 2 vol. in-8, demi-rel. bas. 7 fr.

2552. Delaage (Henri). Les Ressuscités au Ciel et dans l'Enfer. *Paris, Dentu,* 1855 ; in-8, demi-rel. chagr. brun, tête dor., *non rogné.* 4 fr.

2553. Delille. Œuvres, nouvelle édition. *Paris, Michau,* 1824 ; 16 vol. gr. in-4, portr., demi-rel. dos et coins de cuir de Russie, tête dor., *non rognés.* 80 fr.

> Exemplaire en GRAND PAPIER VÉLIN, avec les figures sur papier de Chine AVANT LA LETTRE.

2554. Denniée (Baron). Précis historique et administratif de la campagne d'Afrique. *Paris, Delaunay,* 1830 ; in-8, cart., *non rogné.* 4 fr.

> Planches lithographiées.

2555. Déroute (La) et l'adieu des filles de joye de la ville et faubourgs de Paris, avec leur nom, leur nombre, les particularitez de leur prise et de leur emprisonnement et requeste à M. D. L. V. (Mme de la Vallière). *Jouxte la copie à Paris (Hollande),* 1667 ; pet. in-12 de 33 pp., mar. bleu, dos orné, fil., tr. dor. (*Trautz-Bauzonnet*). 100 fr.

> Rare opuscule satirique s'annexant à la coll. elzévirienne. (Willems. Les Elzévirs, n° 1765). — Haut. 127 mm.

2556. Descartes (René). Les Principes de la philosophie de René Descartes. Quatrième édition, revue, corrigée fort exactement par M. CLR. (Claude Clersellier). *Paris, Th. Girard,* 1681 ; in-4, front., veau. 5 fr.

2557. Descaves (Lucien). Sous-Offs. Roman militaire. *Paris, Tresse et Stock,* 1892 ; in-4, demi-rel. chagr. rouge, tête dor., *non rogné.* 5 fr.

> Illustrée par *Eug. Courboin.*

Et de Livres anciens et modernes

2558. **Devaux-Mousk** (Paul). Fleurs du Persil. Illustrations de Galice. *Paris, Ed. Monnier,* 1887 ; in-8, demi-rel. dos et coins de peau de truie, dos mosaïqué de mar. blanc, rouge et vert, tête dor , couv. de soie.   25 fr.

Exemplaire sur PAPIER DU JAPON. Texte encadré d'illustrations par *Galice*. Portraits en double épreuve : sanguine et noir.

2559. **Diable** (Le) babillard ou indiscret (par de Campan). *Cologne, Pierre Marteau,* 1711 ; in-12, mar. rouge, dos orné, fil., tr. dor. (*Hardy*). 25 fr.

Bel exemplaire de ce roman.

2560. **Dibdin.** Voyage bibliographique, archéologique et pittoresque en France, par le Rév. Th. Frognall Dibdin. Traduit de l'anglais avec des notes, par Théod. Licquet [et Crapelet]. *Paris, Crapelet,* 1825 ; 4 vol. in-8, demi-rel. dos et coins de chagr. brun, tête dor., *non rognés.*   55 fr.

Ouvrage des plus curieux par les appréciations plus ou moins malveillantes sur les hommes et sur les choses que l'auteur rencontra dans son voyage en France.

MM. Licquet et Crapelet, dans cette traduction, ont relevé, dans des notes fort savantes, les erreurs du bibliographe anglais.

Bel exemplaire.

2561. **Didon** (le Père). Les Allemands. *Paris, Calmann Lévy,* 1884 ; in-8, demi-rel. chagr. rouge, tête dor., *non rogné.*   4 fr.

2562. **Dillon** (Capitaine Peter). Voyage aux iles de la mer du sud en 1827 et 1828 et relation de la découverte de sort de la Pérouse. *Paris, Pillet,* 1830 ; 2 vol. in-8, demi-rel. bas.   6 fr.

2 frontispices lithographiés.

2563. **Dons** (Les) des Enfants de Latone : la musique et la chasse du cerf, poëmes (par J. de Serré de Rieux). *Paris Prault,* 1734 ; in-8, pl., mar. vert foncé jans., doublé de mar. rouge, dent., tête dor., *non rogné* (*Amand*).   50 fr.

Un frontispice, figures par *Oudry* et 50 planches de musique gravée.

2564. **Drujon** (Fernand). Étude de Bibliographie critique et analytique pour servir à l'histoire littéraire. *Paris, Ed. Rouveyre,* 1888 ; 2 vol. in-8, demi-rel. dos et coins de mar. rouge, tête dor., *non rognés.* 15 fr.

Très bel exemplaire.

2565. **Du Bellay** (Joachim). Les Œuvres françoises de Joachim du Bellay, gentilhomme angevin et poète excellent de ce temps. Reveues et de nouveau augmentées de plusieurs Poésies non encore auparavant imprimées. *A Rouen, pour George l'Oyselet,* 1592 ; in-12, mar. rouge, dos orné, fil., tr. dor. (*Trautz-Bauzonnet*).   220 fr.

Bel exemplaire de cette charmante édition imprimée en caractères italiques.

2566. **Du Bellay** (Martin). LES MÉMOIRES de Mess. Martin Du Bellay, Seigneur de Langey. Contenans le discours de plusieurs choses advenües au royaume de France, depuis l'an M.D.XIII, jusques au trespas du roy François premier, ausquels l'autheur a inséré trois livres, et quelques fragments des Ogdoades de Mess. Guillaume du Bellay, seigneur de Langey, son frère. *Paris, P. l'Huillier,* 1569 ; in-fol., mar. rouge souple à recouv., tr. dor. (*Trautz-Bauzonnet*). 450 fr.

ÉDITION ORIGINALE, rare.

Exemplaire grand de marges, au chiffre du comte ROGER (du Nord), portant sur le titre la signature autographe du comte de VILLERS (XVII* siècle).

2567. **Du Bailly** (Paul). Le Pays du Soleil de Minuit. Voyages d'Eté en Suède, en Norwège, en Laponic et dans la Filande septentrionale. *Paris, Calman Lévy,* 1882 ; in-8, cart. toile, tr. dor.   4 fr.

Figures et vignettes sur bois.

2568. **Du Chesne.** Les Antiquitez et Recherches des villes, chasteaux et places plus remarquables de toute la France. Divisées en huict livres selon l'ordre et le ressort des huict parlemens... par André Du Chesne, Tourangean. *Paris, Jean Petitpas,* 1609 ; 2 tomes en un fort vol. in-8 réglé, mar. rouge, tr. dor. (*Trautz-Bauzonnet,* 1865). 150 fr.

ÉDITION ORIGINALE, très rare, de cet intéressant ouvrage fait à l'aide des précédents travaux de Belleforest, Jean Bouchet, Du Haillant, Du Tillet, Nic. Gilles, Jean Le Maire, P. Mathieu, Monstrelet, **Paradin**, Pasquier, J. de Serres, Taillepied, etc.

EXEMPLAIRE DE DÉDICACE, anciennement recouvert d'une reliure en vélin aux armes de Nicolas BRULART, marquis de SILLERY, Chancelier de France. Ces armes ont été découpées et rapportées à l'intérieur du premier plat de la nouvelle reliure.

Achat de Bibliothèques

2569. **Duhamel du Monceau**. Mémoires sur la Garance. *Paris,* 1757. — Ferdinand Berthoud. Eclaircissemens sur l'invention, la théorie, la construction des nouvelles machines pour la détermination des longitudes en mer. *Paris,* 1773. — Voyage à la Martinique (par Thibault de Chanvallon). *Paris,* 1763. Ens. en un vol. in-4, veau fauve, dos orné, fil. (*Rel. anc.*). 15 fr.

2570. **Dulaure** (J.-A.). Singularités historiques, contenant : ce que l'histoire de Paris et ses Environs offre de plus piquant et de plus extraordinaire. *Paris, Baudouin,* 1825 ; in-8, demi-rel. veau, dos orné. 4 fr.

Figures en taille-douce.

2571. **Du Lorens.** Les Satires du sieur du Lorens divisées en deux livres. *Paris, Jacques Villery,* 1624 ; in-8 de 2 ff. prél., 202 pp. et 1 f. mar. bleu, tr. dor. (*Trautz-Bauzonnet,* 1859). 125 fr.

ÉDITION ORIGINALE, très rare, renfermant 25 satires.

2572. **Du Lorens.** Les Satyres de M. du Lorens, président de Chasteau-Neuf. *Paris, Antoine de Sommaville,* 1646 ; in-4, mar. bleu, tr. dor. (*Trautz-Bauzonnet,* 1850). 250 fr.

Édition rare de ces satires d'une facture originale ; elles ont fourni à Boileau quelques traits pour plusieurs des siennes.

Exemplaire de Ch. NODIER, relié depuis la vente de cet amateur, avec son *ex-libris* conservé. Il renferme les pp. 137-138, 183-184 et 203-204 qui manquent souvent.

2573. **Dumas** (Adolphe). Provence. *Paris, Hetzel,* 1840 ; in-8, demi-rel. dos et coins de chagr. brun, tête dor., *non rogné* (*Pouillet*). 10 fr.

2574. **Dumont.** Nobiliaire de Saint-Mihiel. *Nancy, Collin ; Paris, Derache,* 1864-1865 ; 2 vol. in-8, demi-rel. mar. rouge, tête dor., *non rognés*. 30 fr.

Nombreux blasons et tableaux généalogiques.
Bel exemplaire.

2575. **Dumont.** Fragments généalogiques, par Dumont, official de la Chambre des Comptes à Bruxelles. *Gand, Duquesne,* 1862 ; 6 tomes en 3 vol. in-12, demi-rel. dos et coins de mar. rouge, tête dor., *non rognés* (*Rousselle*). 20 fr.

Planches en taille-douce.

2576. **Dumont d'Urville**. Histoire générale des Voyages par Dumont d'Urville, d'Orbigny, Eyriès et A. Jacobs. Voyage autour du monde, par Dumont-d'Urville. *Paris, Furne,* 1859 ; 4 vol. in-4, fig., demi-rel. bas. bleue. 15 fr.

Illustré de 97 gravures sur acier d'après *Rouargue,* et de 6 cartes en couleurs.

2577. **Dumouriez** (Général). Mémoires et Correspondance inédits publiés sur les manuscrits autographes. *Paris, Renduel,* 1834 ; 2 tomes en un vol. in-8, demi-rel. veau. 8 fr.

2578. **Dupont** (Paul). Histoire de l'Imprimerie. *Paris, chez tous les libraires,* 1854 ; 2 vol. gr. in-8, brochés. 18 fr.

Texte encadré.

2579. **Dutens.** Mémoires d'un voyageur qui se repose ; contenant des anecdotes historiques, politiques et littéraires, relatives à plusieurs des principaux personnages du siècle. *Paris, Bossange,* 1806 ; 3 vol. in-8, cart., éb. 25 fr.

2580. **Du Verdier.** Les Omonimes, satire des mœurs corrompues de ce siècle, par Anthoine du Verdier, homme d'armes de la compagnie de M. le Seneschal de Lyon. *Lyon, Antoine Gryphius,* 1572 ; in-4 de 12 ff. mar. bleu, dos orné, fil., tr. dor. (*Bauzonnet-Trautz*). 150 fr.

ÉDITION ORIGINALE de ce singulier poëme dont chaque vers se termine par une homonyme du dernier mot du vers précédent.

2581. **Esnault** (Louis). Angleterre, Ecosse, Irlande. Voyage pittoresque. *Paris, Morizot, s. d.* (1859) ; gr. in-8, fig., demi-rel. chagr. rouge, plats toile, dos orné, tr. dor. 10 fr.

Illustré de 22 gravures en noir ou en couleur par *Gavarni, Bartlett* et *Allom.*

2582. **Erdan** (Alexandre). La France mistique. Tableau des excentricités religieuses de ce tems. *Paris, Coulon-Pineau* (1855) ; 2 vol. in-8, portr., demi-rel. chagr. noir. 6 fr.

Ouvrage imprimé avec le système néographique de l'auteur.

2583. **Estienne** (Henri). Traicté de la conformité du language françois avec le grec, divisé en trois livres... duquel l'auteur et imprimeur est

Et de Livres anciens et modernes

Henry Estienne. *S. l. n. d. (Genève, Henri Estienne, vers 1565)* ; in-8 de 16 ff. prél. et 159 pp., mar. vert, fil. à froid, tr. dor. (*Bauzonnet-Trautz*).   120 fr.

ÉDITION ORIGINALE de ce traité fort curieux ; elle contient différents passages qui ont été supprimés dans les suivantes et dont l'un, fort remarquable, est dirigé contre le Pape. — Plusieurs noms inscrits sur le titre ont été enlevés par le lavage.

2584. **Étude** diplomatique sur la guerre de Crimée (1852 à 1856), par un ancien diplomate. *Paris, Ch. Tanera*, 1874 ; 2 vol. in-8, demi-rel. chagr. rouge, tête dor., *non rognés*.   20 fr.

Bel exemplaire de cet ouvrage qui n'a pas été mis dans le commerce.

2585. **Fabre** (François). Némésis médicale illustrée, recueil de satires. *Paris*, 1840 ; 2 tomes en 1 vol. in-4, demi-rel. chagr. vert, dos orné.   12 fr.

30 vignettes dessinées par *Daumier*.

2586. **Fargès-Mérécourt** (P.-J.). Relation du voyage de Sa Majesté Charles X en Alsace. *Strasbourg, Levrault*, 1829 ; in-4, cart., *non rogné*.   8 fr.

13 lithographies. Exemplaire à toutes marges.

2587. **Fascétieux Devitz** (Les) des Cent Nouvelles nouvelles, très récréatives et fort exemplaires pour resveiller les bons espritz françoys, veuz et remis en leur naturel, par le seigneur de La Motte Roullant, Lyonnois. *On les vend à Paris, en la rue du Meurier, à l'ymage saincte Geneviefve, par Jehan Real.* 1549 ; in-8 de 128 ff., mar. citron, dos orné, fil., tr. dor. (*Bauzonnet-Trautz*).   250 fr.

ÉDITION ORIGINALE, de la plus grande rareté, de ce recueil de nouvelles copiées par La Motte-Roullant sur les *Cent Nouvelles nouvelles*, en faisant une nouvelle rédaction dans le style de son temps.

Marque de Jehan Philippi, libraire parisien, sur le titre. Cette marque est reproduite dans les *Marques typographiques* de Silvestre n° 920.

Exemplaire de CH. NODIER, avec son *ex-libris*, mais relié à nouveau.

2588. **Fauchet** (Claude). Recueil de l'Origine de la langue et poésie françoise, ryme et romans ; plus les noms et sommaire des œuvres de CXXVII poëtes françois vivans avant l'an M.CCC. (par Claude Fau-

chet). *Paris, Mamert Patisson*, 1581 ; in-4, mar. rouge, dos orné, fil. à froid, tr. dor. (*Bauzonnet-Trautz*).   150 fr.

ÉDITION ORIGINALE, rare.

Exemplaire de Ch. NODIER, relié à nouveau, avec sa signature autographe sur un feuillet de garde.

2589. **Faure** (Emile) et **d'Aunay** (Alfred). Histoire de deux ans (1870-1871). *Paris, Emile Chartier*, 1873-1875 ; 4 vol. pet. in-4, bas. rose.   15 fr.

Portraits sur bois.

2590. **Fergusson** (James). Les Monuments mégalithiques de tous les pays ; leur âge et leur destination. Traduit de l'anglais par l'abbé Hamard. *Rennes, Berthelot*, 1878 ; in-8, br.   5 fr.

Une carte et 230 gravures.

2591. **Figuier** (Louis). Tableaux de la Nature. *Paris, Hachette*, 1866-1883 ; 6 vol. gr. in-8, fig., demi-rel. chagr. rouge, tête dor., *non rognés*.   30 fr.

Vie des animaux. — Poissons, reptiles et oiseaux. — Les Mammifères. — La Terre et les mers. — Histoire des plantes. — La Terre avant le déluge.

Jolies figures sur bois.

2592. **Filles publiques** de Paris. 3 pièces en 1 vol. in-8, cart. 15 fr.

Pétition des filles publiques de Paris à M. le préfet de Police au sujet de l'ordonnance qu'il vient de rendre contre elles, rédigée par Mlle Pauline. *Paris*, 1830, 7 pp. — Les Femmes traitées comme elles le méritent ou le beau sexe à Longchamp, par Mme Louise de P... *Paris, vers* 1810 ; 8 pp. — Le vrai Motif de la captivité des femmes soumises. *Paris*, 1830 ; 8 pp.

Ces trois pièces sont très rares.

2593. **Fisher's** drawing room scarpbook with poetical illustrations by L. E. L., 1833. *London, Fisher and Jackson*, 1833 ; pet. in-4, cart. toile, tr. dor.   10 fr.

36 jolies gravures sur acier.

2594. **Flamand-Grétry** (L.-V.). Itinéraire historique, géographique, topographique, statistique, pittoresque et biographique de la vallée de Montmorency, à partir de la porte Saint-Denis à Pontoise inclusivement. *Montmorency*, 1835-1840 ; 2 vol. in-8, cart., *non rognés*. 20 fr.

Portraits, vues et plans. Ouvrage renfermant la description topographique et historique des communes de la Chapelle, de Montmartre, de Clichy-la-Garenne, de Batignolles-Montceau, de Clignancourt, de la plaine Saint-Denis, de Saint-Ouen, d'Aubervilliers, de Saint-Denis, etc.

On a relié à la suite : « *Biographie des rois, reines, princes et princesses de Faance, du même auteur. Paris, 1840.*

2595. Flaubert (Gustave). Madame Bovary. Mœurs de Province. Edition définitive suivie des réquisitoires, plaidoirie et jugement du procès intenté à l'auteur. *Paris, Charpentier,* 1880 ; in-18, mar. brun, dos orné, fil., tr. dor. (*Canape-Belz*) 60 f.

L'un des 10 exemplaires tirés sur PAPIER DE CHINE avec le portrait de l'auteur par *Liphart* sur Chine et sur Hollande.

2596. Fournier-Verneuil. Paris, tableau moral et philosophique. *Paris,* 1826 ; in-8, demi-rel. mar. rouge, dos orné. 8 fr.

Ouvrage aussi spirituel que satirique.

2597. France (La) galante, ou histoires amoureuses sous le règne de Louis XIV. *Cologne, Pierre Marteau, s. d. (vers* 1710) ; 2 vol. pet. in-12, mar. rouge jans., tr. dor. (*Vve Brany*). 45 fr.

A la suite de l'ouvrage principal, on trouve encore : les Vieilles amoureuses ; Histoire de la maréchale de la Ferté ; la France devenue italienne ; le Divorce royal ; Amours de Mgr le Dauphin avec la comtesse du Roure.

2598. Francisque-Michel. Les Ecossais en France, les Français en Ecosse. *Londres, Trübner,* 1862 ; 2 vol. pet. in-4, demi-rel. dos et coins de mar. rouge, tête dor., *non rognés (Rousselle).* 40 fr.

Texte encadré d'un filet rouge. Portrait de Marie-Stuart, figures en taille-douce et nombreux blasons dans le texte. — Très bel exemplaire. (Tirage à 115).

2599. Fregeville (J. de). La Chronologie de J. de Fregeville, de la maison du Gaut, natif de Realmont en Albigeois, contenant la générale durée du monde, demonstrée par la parolle de Dieu. *Paris, Abraham Dauvel,* 1582 ; in-4. — Traité chronologique contenant plusieurs belles recherches et restitutions des anciennes supputations des Egyptiens, Assyriens, Mèdes et Perses. *Paris, T. Jouan,* 1584. Ens. en 1 vol. in-4, mar. rouge, dos orné, double rangée de fil., tr. dor. 40 fr.

Bel exemplaire.

2600. Freytag (J.-D.). Mémoires du général J.-D. Freytag, contenant des détails sur les déportés du 18 Fructidor. *Paris, Nepveu,* 1824 ; 2 tomes en 1 vol. in-8, demi-rel. bas. 7 fr.

2601. Fulgose. Contramours. L'Anteros, ou contramour, de messire Baptiste Fulgose, jadis duc de Gennes. Le dialogue de Baptiste Platine, gentilhomme de Crémonne, contre les folles amours. Paradoxe contre l'amour. (Traduit par Thomas Sibilet). *Paris, Martin le jeune,* 1581 ; pet. in-4, mar. Lavallière jans., tr. dor. (*David*). 60 fr.

Rare et curieux volume. Le Paradoxe contre l'amour est de la composition du traducteur.

2602. Furetière. Le Roman bourgois. Nouvelle édition revue, de nouveau corrigée et augmentée. *Nancy, J.-B. Cusson,* 1713 ; in-12, front., mar. rouge, dos orné, fil., tr. dor. (*Closs.*). 20 fr.

Frontispice et figures. Raccommodages au titre et à plusieurs feuillets.

2603. Galerie historique de la Restauration Française Album des portraits des souverains, princes, princessses, ministres et grands dignitaires de cette intéressante époque, accompagnés de notices historiques et biographiques sur chacun des personnages. *Paris, s. d.;* pet. in-fol., demi-rel. chagr. vert, plats toile fers spéciaux, dos orné, tr. dor. 15 fr.

23 portraits d'après *Pauquet* et *Gaildran,* sur Chine. — Déchirure.

2604. Garçon et fille hermaphrodites, vus et dessinés d'après nature par un des plus célèbres artistes et gravés avec tout le soin possible pour l'utilité des studieux. *Paris, s. d.* (1773), mar. bleu, fil. à froid, tr. dor. 170 fr.

Livre entièrement gravé par le calligraphe *Beaublé*; orné de 2 curieuses figures des sujets, dont le dessin a été attribué à *Moreau le jeune* et la gravure à *Augustin de Saint-Aubin.* Bel exemplaire de PREMIER TIRAGE.

2605. Garinet (Jules). Histoire de la Magie en France, depuis le commencement de la monarchie jusqu'à nos jours. *Paris, Foulon,* 1818 ; in-8, br. 8 fr.

Signature sur le titre.

2606. Garnier (Edouard). Histoire de la Céramique. Poteries, faïences et porcelaines chez tous les peuples depuis les temps anciens jusqu'à nos jours. *Tours, Alfred Mame,* 1882; in-8, br.   5 fr.

170 gravures et 5 planches.

2607. **Garnier** (Rob.). Les Tragédies de Robert Garnier, conseiller du Roy, lieutenant général criminel au siège présidial et sénéchaussée du Maine. *Rouen, Impr. de Raphaël du Petit Val,* 1599; in-12, mar. rouge, dos orné, fil., tr. dor. (*Bauzonnet-Trautz*).   120 fr.

Édition rare renfermant les tragédies de *Porcie, Cornélie, Marc-Antoine, Hippolyte, La Troade, Antigone, Les Juifves* et *Bradamante*. Contrairement au dire de Brunet, les huit dernières pages sont occupées par le *Tombeau de Ronsard*, élégie en vers.

2608. **Garnier** (Rob.). Les Tragédies de Robert Garnier. *Saumur, Thomas Portau,* 1602; in-12, mar. bleu, dos orné, fil., tr. dor. (*Chambolle-Duru*).   80 fr.

Bel exemplaire d'une jolie et rare édition.

2609. **Gay de Vernon** (Baron). Vie du Maréchal Gouvion Saint-Cyr. *Paris, Firmin-Didot,* 1856, in-8, portr., demi-rel. chagr. brun. 5 fr.

2610. **Gayot de Pitaval**. Causes célèbres et intéressantes, avec les jugemens qui les ont décidées. Recueillies par M. Gayot de Pitaval. *La Haye, Jean Neaulme,* 1735-1745; 22 vol. in-12, demi-rel. mar. brun, éb. (*Rousselle*)   120 fr.

Ouvrage renfermant des faits curieux et des décisions judiciaires des plus intéressants. — Bel exemplaire.

2611. **Gazette anecdotique**, littéraire, artistique et bibliographique publiée par G. d'Heylli. *Paris, libr. des Bibliophiles,* 1876-1891; 32 vol. in-12, *brochés.*   70 fr.

Collection complète des 16 années de cette intéressante gazette.

2612. **Gazette anecdotique**, littéraire, artistique et bibliographique, publiée par Georges d'Heylli. *Paris, libr. des Bibliophiles,* 1876-1888; 25 vol. in-12, br. et en fascic. 50 fr.

Collection complète des 13 premières années de cette intéressante gazette.

2613. **Gautier** (Hippolyte). L'An 1789. Événements, mœurs, idées, œuvres et caractères. *Paris, Ch.*

Delagrave, s. d. (1888); **gr. in-4,** br.   **30 fr.**

650 reproductions par la photogravure sur cuivre, de vignettes, d'estampes et de tableaux de l'époque. — Publié à 50 fr.

2614. **Genlis** (Mme de). Les Diners du baron d'Holbach, dans lesquels se trouvent rassemblés sous leurs noms, une partie des gens de la Cour et des littérateurs les plus remarquables du 18e siècle. *Paris,* 1822; in-8, cart.   4 fr.

2615. **Genlis** (Mme de). Mémoires inédits de Madame la comtesse de Genlis, sur le XVIIIe siècle et la Révolution française, depuis 1756 jusqu'à nos jours. *Paris, Ladvocat,* 1825; 8 vol. in-8, cart., *non rognés.*   40 fr.

2616. **Ginisty** (Paul). Quand l'amour va tout va! Illustrations de Henriot. *Paris, Marpon et Flammarion, s. d.,* petit in-8 carré, demi-rel. dos et coins de mar. vert, tête dor., *non rogné.* (*Canape-Belz*).   7 fr.

2617. **Gobin** (Léon). Essai sur la géographie de l'Auvergne. (Puy-de-Dôme, Cantal, Brioude). *Paris, Hachette,* 1896; gr. in-8, fig. cart. 3 fr.

2618. **Goguelat** (Baron de). Mémoire de M. le Baron de Goguelat, lieutenant-général, sur les événements relatifs au voyage de Louis XVI à Varennes, suivi d'un précis des tentatives qui ont été faites pour arracher la Reine à la captivité du Temple. *Paris, Baudouin,* 1823; in-8, portr., br.   5 fr.

2619. **Gomboust**. Plan de Paris dressé géométriquement en 1649 et publié en 1652, par Jacques Gomboust, avec le texte, les vues et les ornemens qui accompagnent quelques exemplaires. Augmenté d'une feuille d'assemblage pour faciliter les recherches. Gravé en fac-similé par Lebel et publié par la Société des Bibliophiles françois. *Paris, Techener,* 1858; in-folio, mar. demi-rel. chagr. rouge, tête dor.   40 fr.

Réimpression d'un plan extrêmement rare comprenant 11 feuilles pour le plan proprement dit, le tableau d'assemblage et les bordures gravées en taille-douce.

2620. **Goncourt** (Edmond et Jules de). L'Art du dix-huitième siècle. Deuxième édition revue et augmentée. *Paris, Rapilly*, 1873-1874; demi-rel. chagr. rouge, tête dor., *non rognés.*   15 fr.

Édition tirée sur PAPIER VERGÉ. Bel exemplaire.

2621. Gouin (Édouard). L'Égypte au XIXe siècle. Histoire militaire et politique, anecdotique et pittoresque de Méhemet-Ali, Ibrahim-Pacha, Soliman-Pacha (Colonel Sevès). *Paris, Boizard*, 1847 ; in-4, cart., *non rogné.*   10 fr.

17 gravures en couleur d'après les originaux de *J.-A. Beaucé.*

2622. Gorani (Joseph). Mémoires secrets et critiques des Cours, des Gouvernemens et des mœurs des principaux états de l'Italie. *Paris, Buisson*, 1793 ; 3 vol. pet. in-8, cart.   15 fr.

2623. Gourdon de Genouillac et le marquis de **Piolenc.** Nobiliaire du département des Bouches-du-Rhône. Histoire, généalogie. *Paris, Dentu*, 1863 ; in-8, demi-rel. dos et coins, mar. rouge, tête dor., *non rogné (Amand)*   10 fr.

2624. Gourville. Mémoires de Monsieur de Gourville, concernant les affaires ausquelles il a été employé par la cour, depuis 1742 jusqu'en 1798 (publiés par Mlle de Bussière). *Paris, Estienne Ganeau*, 1724 ; 2 vol. in-12, mar. bleu, tr. dor. (*Trautz-Bauzonnet*).   150 fr.

Exemplaire du comte ROGER (du Nord), avec son chiffre répété sur le dos et aux angles des plats de la reliure.

2625. Granier de Cassagnac. Histoire des Girondins et des massacres de Septembre d'après les documents officiels et inédits. Deuxième édition. *Paris, Dentu*, 1860; 2 vol. in-12, demi-rel. chagr. rouge, tête dor., *non rog. (Rousselle).* 5 fr.

2626. Granier de Cassagnac. Histoire du Directoire. *Paris, Plon*, 1863; 2 vol. in-8, cart. toile. 6 fr.

2627. Greely (Adolphus W.). Dans les Glaces arctiques. Relation de l'expédition américaine à la baie de Lady Franklin 1881-1884, traduite de l'anglais par Mme L. Trigant. *Paris, Hachette*, 1889; gr. in-8, demi-rel. dos et coins de chagr. rouge, *non rogné.*   13 fr.

Portrait de l'auteur, 150 gravures sur bois et 4 cartes.

2628. Grasset Saint-Sauveur. Les Fastes du peuple français, ou tableaux raisonnés de toutes les actions héroïques et civiques du soldat et du citoyen français. *Paris, Deroy*, 1796 ; in-4, demi-rel. 40 fr.

Frontispice et 35 planches à l'aqua-teinte d'après les dessins de *Labrousse.* — Rare.

2629. Guerre d'Orient. Siège de Sébastopol. Historique du service de l'artillerie (1854-1856) publié par ordre de son Excellence le Ministre de la guerre. *Paris, Berger-Levrault*, 1859 ; 2 vol. in-4 et atlas in-4 oblong, cart., *non rognés.* 40 fr.

L'atlas renferme 147 plans ou cartes des opérations du siège.

2630. Guichard (Claude). Funérailles et diverses manières d'ensevelir des Romains, Grecs et autres nations, tant anciennes que modernes, décrites par Paul Guichard. *Lyon, Jean de Tournes*, 1581 ; in-4, mar. bleu, dos orné, dent., tr. dor. (*Rel. anc.*).   300 fr.

Edition ornée de figures sur bois ; l'une d'elles est signée *Cruche.*

Bel exemplaire aux armes d'Adrien de la VIEUVILLE DE WIGNACOURT, grand prieur de Champagne, chevalier de l'ordre de Malte.

2631. Hamel (Ernest). Marie la Sanglante. Histoire de la grande réaction catholique sous Marie Tudor, précédé d'un essai sur la chute du catholicisme en Angleterre. *Paris, Poulet-Malassis*, 1862; 2 vol. in-8, portr., demi-rel., chagr. rouge. 8 fr.

2632. Héliodore. Les Amours de Théagene et Chariclee. Histoire ethiopique, traduction nouvelle (par J. de Montlyard). *Paris, S. Thiboust*, 1626 ; pet. in-8, fig., demi-rel. dos et coins de mar. rouge, dos orné, tr. dor. 50 fr.

52 figures finement gravées par *Crispin de Pas* et *Michel Lasne.*

2633. Henry (Théodore). La belle Miette. *Paris, libr. nationale*, 1882; 2 vol. in-4, cart., *non rognés.* 6 fr.

Édition illustrée de figures sur bois.

2634. Héraut (le) d'armes. Revue illustrée de la Noblesse. Directeur le comte Alfred de Bizemont. Gérant V. Boulon. *Paris*, 1863 ; gr. in-8, cart., *non rogné.*   8 fr.

Tome Ier, Novembre 1861 à janvier 1863. Papier vergé. Nombreux blasons dans le texte.

Et de Livres anciens et modernes

2635. Histoire (L') de dom Belianis de Grèce (par Géronimo Fernandez). Traduction nouvelle (par Claude du Breuil). *Paris, Toussainct du Bray,* 1625 ; pet. in-8, cuir de Russie, dos orné, fil., tr. dor. (*Closs*). 30 fr.

Ce volume ne renferme que la première partie, la seule publiée.

2636. Histoire de Pierre III, empereur de Russie, imprimée sur un manuscrit trouvé dans les papiers de Montmorin, et composé par un agent secret de Louis XV. Suivie de l'histoire secrète des amours et des principaux amans de Catherine II. Par l'auteur de la vie de Frédéric II (J.-C. Laveaux). *Paris, La Briffe, an VII* (1799) ; 3 vol.•in-8, fig., demi-rel. 18 fr.

2637. Histoire des campagnes du maréchal de Suworow, prince Italikski, général-feld-maréchal au service de Russie, contenant la guerre de sept ans en 1759... et enfin la dernière campagne d'Italie en 1799. *Paris, Giguet et Michaud,* 1802 ; 3 tomes en un vol. in-8, demi-rel. veau. 10 fr.

3 portraits.

2638. Historiettes baguenaudières par un Normand (le marquis de Chennevières-Pointel). *Aix, Aubin,* 1845 ; in-8, chagr. bleu, dos orné, dent. sur les plats, tr. dor. 12 fr.

Envoi d'auteur à Nadar.

2639. Hochet (le) des sexagénaires, ou souvenirs d'anecdotes galantes, poésies badines, par M. C.-D. F*** (Fuchiron). *Paris, Boucher,* 1821 ; 2 vol. in-8, cart., *non rognés.* 10 fr.

2640. Hoffbauer. Paris à travers les âges. Aspects successifs des monuments et quartiers historiques de Paris depuis le XIII° siècle jusqu'à nos jours. Texte par Ed. Fournier, P. Lacroix, A. de Montaiglon, Bonnardot, J. Cousin, Franklin, V. Dufour. *Paris, Firmin Didot,* 1875 ; 14 livraisons in-fol. en cartons. 140 fr.

Ouvrage d'une très grande érudition, reconstituant avec la plus rigoureuse exactitude l'aspect ancien des différents quartiers et monuments de Paris.

2641. Huber. Notices générales des Graveurs divisés par nations, et des Peintres rangés par écoles. *Dresde*

et Leipzig, 1787 ; un tome en 2 vol. in-8, front., demi-rel. bas. 10 fr.

2642. Hugo (Victor). Le Livre d'or de Victor Hugo, par l'élite des artistes et des écrivains contemporains. Direction de Emile Blémont. *Paris, H. Launette,* 1883 ; in-4, en 40 fascicules. 60 fr.

Très belle publication publiée à l'occasion de la fête commémorative du 26 février 1881, ornée de 120 planches hors texte en photogravure et de nombreuses illustrations dans le texte. Publié à 100 fr.

2643. Ida Saint-Elme. Mes dernières Indiscrétions par la contemporaine (Elzélina Van Aylde Jonghe, dite Ida Saint-Elme). *Paris, Moutardier,* 1834; 2 vol. in-8, cart. 8 fr.

Le portrait manque et plusieurs ff. sont remontés.

2644. L'Imitation de Jésus-Christ, mise en vers françois, par Pierre Corneille. *Imprimé à Rouen par L. Maurry, pour Robert Ballard, marchand libraire à Paris,* 1656 ; in-24, titre-front. et fig., veau brun, dos orné, dent., tr. dor. 175 fr.

Édition parue sous la même date que l'in-4 et renfermant également la traduction complète de l'*Imitation.* Elle se compose de 8 ff. prél. non ch., 507 pp. et 2 ff. non ch. pour le privilège et ornée de 115 jolies figures gravées en taille-douce par *David,* d'après *Campion* et *Chauveau.*
« Ce petit volume, très bien exécuté, était un de ces livres de poche condamnés à une rapide destruction; aussi les exemplaires en sont-ils fort rares. Nous n'en avons rencontré que trois qui appartiennent à M. le baron de Ruble, à M. L. Potier et à M. Bocher (Emile Picot. *Bibliographie Cornélienne,* n° 129). »

2645. Jauffret. Histoire impartiale du procès de Louis XVI, ci-devant roi des Français ; ou recueil complet et authentique de tous les rapports faits à la Convention nationale, concernant le procès du ci-devant roi, des différentes opinions des représentans du peuple. *Paris, Perlet,* 1792-1793 ; 8 tomes en 4 vol. in-8, bas. 25 fr.

2646. Jeannin. Les Négotiations de Monsieur le Président Jeannin. *Paris, Pierre le Petit,* 1656 ; in-fol. portr., mar. rouge, dos fleurdelisé, double comp. doublé de mar. rouge, dent. et fil., tr. dor. (*Du Seuil*) 400 fr.

Édition originale, ornée d'un joli portrait gravé par R. Nanteuil.
Exemplaire de l'abbé DE ROTHELIN,

portant au haut et au bas du dos de la reliure des dauphins couronnés alternant avec des fleurs de lis. Mouillures à quelques ff.

2647. Jeannin. Négociations diplomatiques et politiques du président Jeannin, ambassadeur et ministre de France sous François Ier, Henri IV et Louis XIII inclusivement. *Paris, Petit,* 1819 ; 3 vol. in-8, mar. rouge, dos orné, dent., tr. dor. (*Rel. anc.*)   60 fr.

Bel exemplaire aux armes de FERDINAND VII, roi d'Espagne, dans une jolie reliure genre Bozérian.

2648. Jeux de Calliope (Les), ou collection de poëmes anglais, italiens, allemands et espagnols, en deux, trois et quatre chants. *Londres et Paris, Ruault,* 1776 ; pet. in-4, mar. brun, dos orné, fil., tr. dor. (*Pouillet*)   35 fr.

Ce recueil traduit par J.-F. Peyron, comprend : Économie de l'Amour poème imité du D. Armstrong, avec 4 figures AVANT LA LETTRE de *Gibelin* gravées par *Marchand.* — L'Hermite, ou Amintor et Théodora, traduit de l'anglais de Mallet. — L'Amour accusé, traduit de l'allemand de M. Wieland.

Exemplaire tiré sur GRAND PAPIER de format pet. in-4.

2649. Jodelle. LES ŒUVRES ET MESLANGES POETIQUES d'Estienne Jodelle, sieur du Lymodin. Reveuës et augmentees en ceste derniere edition. *Paris, Robert Le Fizelier,* 1583 ; in-12, mar. citron, dos orné, fil. droits et cintrés, tr. dor. (*Trautz-Bauzonnet,* 1858)   600 fr.

Exemplaire réglé, avec témoins, conforme à la description donnée par Brunet (III, col. 550) et avec les 10 ff. de pièces diverses qui ne se trouvent pas dans tous les exemplaires.

2650. Joinville. L'Histoire et Cronique du tres-chrestien roys S. Loys, IX du nom, et XLIIII. Roy de France. Escritte par feu messire Jan, Sire, Seigneur de Jonville et Sénéchal de Champagne, familier et contemporain dudit roi S. Loys. Et maintenant mise en lumière par Antoine Pierre de Rieus. *Poitiers, Enguilbert de Marnef, s. d.* (1547); in-4, mar. rouge, dos fleurdelisé, tr. dor. (*Trautz-Bauzonnet*) 300 fr.

ÉDITION ORIGINALE, rare.

Bel exemplaire auquel on a ajouté un portrait de saint Louis, gravé au XVIe siècle.

2651. Jullemier (Mme Alexandrine).

Mémoires authentiques d'une Sage-femme. *Paris, Dumont,* 1835 ; 2 vol. in-8, demi-rel. veau fauve. 12 fr.

Cet ouvrage a été rédigé par Touchard-Lafosse sur les notes de Mlle Jullemier. Il renferme des particularités intimes sur le docteur Giraudeau de S.-Gervais.

2652. Justification des Lettres patentes de Louis XIV données à Versailles au mois de mars 1713 et registrées au Parlement le 15 du même mois qui déclarent Philippe V, roy d'Espagne, et ses descendans exclus de la couronne de France. Ms. in-fol., mar. vert, dos orné, dent., doublé de mar. rouge, dent., tr. dor. (*Rel. anc.*)   150 fr.

Manuscrit exécuté vers 1716, comprenant un titre et 53 pages d'une belle et bonne écriture bâtarde. Il renferme une étude sur les prétentions que formula Philippe V à la couronne de France à la mort de Louis XIV.

2653. Keepsake de l'art en province, illustré de gravures anglaises. *Moulins, Desrosiers,* 1840-1844 ; 2 vol. in-8, velours vert et rose frappé, tr. dor.   20 fr.

Gravures sur acier et au trait. Joli encadrement du texte.

2654. Kératry (E. de). L'Élévation et la Chute de l'empereur Maximilien. Intervention française au Mexique 1861-1867. *Paris, Lacroix,* 1867; in-8, demi-rel. chagr. brun.   3 fr.

2655. Lacenaire. Mémoires, révélations et poésies de Lacenaire, écrits par lui-même à la Conciergerie. *Paris, les marchands de nouveautés,* 1836 ; 2 vol. in-8, portr. cart., *non rognés.*   10 fr.

2656. Lacépède. Histoire naturelle de Lacépède comprenant les cétacés, les quadrupèdes ovipares, les serpents et les poissons. Nouvelle édition précédée de l'éloge de Lacépède par Cuvier. Avec des notes de M. A. G. Desmarets. *Paris, Furne,* 1864 ; 2 vol. gr. in-8, br. 12 fr.

Texte à 2 colonnes, illustré de nombreuses planches en couleurs. Publié à 25 fr.

2657. La Chambre (De). Les Caractères des Passions. *Amsterdam, A. Michel,* 1658 ; 2 parties en un vol. in-12, front., veau mar. 10 fr.

2658. La Fayette (Mme de). Histoire de Madame Henriette d'Angleterre, première femme de Philippe de France, duc d'Orléans, par Dame Marie de La Vergne, comtesse de La Fayette. *Amsterdam, Le Cène,* 1720 ; pet. in-8, mar. orange, tr. dor. (*Trautz-Bauzonnet,* 1860)   100 fr.

ÉDITION ORIGINALE.

2659. **La Fayette** (Mme de). Mémoires de la Cour de France, pour les années 1688 et 1689, par Madame la Comtesse de Lafayette. *Amsterdam, Jean-Frédéric Bernard,* 1731 ; pet. in-8, mar. orange, tr. dor. (*Trautz-Bauzonnet*) 100 fr.

ÉDITION ORIGINALE.

2660. **La Fontaine.** Contes et nouvelles en vers, par Jean de la Fontaine. *Paris, impr. de P. Didot l'aîné,* 1795 ; 2 vol. pet. in-12, mar. rouge, dos orné, comp. de fil., tabis, tr. dor. (*Bozérian*) 50 fr.

Jolie petite édition ornée du portrait de l'auteur sur les titres des volumes.

2661. **La Fontaine.** Œuvres. Théâtre, fables, poésies, etc. Nouvelle édition avec une introduction par M. Edouard Fournier. *Paris, Laplace,* 1877 ; gr. in-8, br.   8 fr.

Portrait et gravures en couleur d'après les dessins de *Emile Bayard, T. Johannot* et *J. David.*

2662. **La Fontaine.** Poème du Quinquina et autres ouvrages en vers de M. de la Fontaine. *Paris, Denys Thierry et Claude Barbin,* 1682 ; in-12 de 12 ff. prél. et 242 pp., mar. bleu, tr. dor. (*Trautz-Bauzonnet,* 1851).   60 fr.

ÉDITION ORIGINALE de ce recueil renfermant, indépendamment de ce poème : *La Matrone d'Ephèse, Belphégor* et les deux opéras *Galatée* et *Daphné.*

2663. **Lagadeuc** (Jehan). Le Catholicon de Jehan Lagadeuc. Dictionnaire breton, français et latin, publié par R.-F. Le Men. Imprimé à Tréguier chez Jehan Calvez en 1499. *Lorient Corfmat, s. d.* (1868) ; in-8, br.   6 fr.

Tiré à 300 exemplaires.

2664. **Lagrange** (Léon). La Peinture et la Sculpture au Salon de 1861. Avec un appendice sur la gravure, la lithographie et la photographie, par Philippe Burty. *Paris, Gazette des Beaux-Arts,*

1861 ; gr. in-8, demi-rel. veau fauve.   10 fr.

Gravures sur bois, en taille-douce et eaux-fortes.

2665. **Lamartine.** Jocelyn. Episode. Journal trouvé chez un curé de village. *Paris, Pagnerre, Hachette, Furne,* 1861 ; in-16, mar. bleu, dos orné, fil., tabis, tr. dor. (*Petit*). 20 fr.

Charmante édition d'une exécution typographique parfaite.

2666. **La Motte** (Mme de). Vie de Jeanne de S. Remy de Valois, ci devant comtesse de la Motte, contenant un récit détaillé et exact des événements extraordinaires auxquels cette dame infortunée a eu part. Ecrite par elle-même. *Paris, Garnery,* 1793 ; 2 vol. in-8, cart., *non rognés.*   10 fr.

2667. **Lanfrey.** Histoire de Napoléon Ier. *Paris, Charpentier,* 1870 ; 4 vol. in-18, demi-rel. chagr. vert, éb., *non rognés.*   10 fr.

2668. **Larchey** (Lorédan). Les Cahiers du capitaine Coignet. *Paris, Hachette,* 1888 ; in-4, demi-rel. dos et coins de chagrin rouge, tête dor. *non rogné.*   25 fr.

Illustrations de *J. Le Blant.*

2669. **La Rocheterie** (Maxime de). Histoire de Marie-Antoinette. *Paris, Perrin,* 1890 ; 2 vol. in-8, portr., br.   10 fr.

2670. **La Roque** (Gilles-André de). Traité de la Noblesse, de ses différentes espèces, de son origine, du gentilhomme de nom et d'armes, des bannerets, des bacheliers, des écuyers et de leurs différences. *Paris, Est. Michallet,* 1678 ; in-4, veau (*Rel. anc.*).   10 fr.

Bon exemplaire de cet ouvrage réputé.

2671. **La Rocque** (André de). Traité de la Noblesse, de ses différentes espèces, de son origine, du gentilhomme de nom et d'armes, des bannerets, bacheliers, escuvers, etc. Nouvelle édition. *Rouen,* 1710 ; in-4, veau.   25 fr.

Aux armes de CAMUS DE PONTCARRÉ, premier président au parlement de Normandie.

2672. **La Sauvagère.** Recueil d'Antiquités dans les Gaules, enrichi de diverses planches. Ouvrage qui peut servir de suite aux Antiquités de M. le comte de Caylus. *Paris, Hérissant*, 1770 ; in-4, bas. 15 fr.

> Ruines romaines de Saintes. Antiquités des environs de Tours. La Pile Saint-Mars. Briquetage de Marsal. Antiquités des environs de Vannes. L'ancien Bablia des romains. Antiquités égyptiennes, etc. — Planches en taille-douce.

2673. **Lasserre** (Henri). Les Serpents. Etude d'histoire naturelle et de politique. *Paris, V. Palmé*, 1863 ; in-8, vélin, dos orné. 4 fr.

> Envoi d'auteur à la baronne Henri d'Ideville.

2674. **La Tour d'Albenas.** Le siècle d'or et autres vers divers (par Bérenger de la Tour d'Albenas). *Lyon, Jean de Tournes et Guil. Gazeau*, 1551 ; in-8 de 230 pp. et 1 f. blanc, mar. bleu, dos orné, fil., tr. dor. (*Trautz-Bauzonnet*). 300 fr.

> Outre le *Siècle d'or* ce volume renferme : des *Chants royaux*, des *Cantiques, Chansons, Elégies, Epigrammes*, les *Lamentations de Jérémie, Marques de fol amour, Blason du Miroir, Epitaphes et Enigmes*.

2675. **Laugier et Carpentier.** Vie anecdotique de Louis-Philippe roi des Français. *Paris, Giraudet*, 1837 ; in-8, demi-rel. veau, dos orné. 7 fr.

> Portrait et figures sur bois tirés sur Chine.

2676. **Laurent** (Dr Émile). Les Habitués des prisons de Paris, étude d'anthropologie et de psychologie criminelles. Préface de M. le Dr A. Lacassagne. *Paris, Masson*, 1890 ; in-8, demi-rel. mar. rouge, tête dor., *non rogné*. 6 fr.

> 70 figures dans le texte, 14 portraits en phototypie.

2677. **Lavergne** (Alexandre de). Châteaux et ruines historiques de la France. Illustrations de Théodore Frère. *Paris, Ch. Warée*, 1845 ; gr. in-8, br., couv. ill. 10 fr.

> Nombreuses vignettes, et 20 pl. tirées hors texte sur Chine. — Le frontispice est plus court.

2678. **Le Brun** (Corneille). Voyage par la Moscovie, en Perse, et aux Indes orientales. Ouvrage enrichi de plus de 320 tailles-douce des plus curieuses, représentant les plus belles vues de ces païs, les principales villes, les différens habillemens des peuples, les animaux,

etc. *Amsterdam, les frères Wetstein*, 1718 ; 2 tomes en un vol. pat. in-fol., veau, dos orné (*Rel. anc.*). 40 fr.

> Cet ouvrage curieux renferme un frontispice, 1 portrait, 262 planches (non compris celles du texte) et 3 cartes.

2679. **Lefevre** (Maurice). Scaramouche, conte suivi de l'argument du ballet. *Paris, P. Ollendorff*, 1891 ; pet. in-8, br., couv. 5 fr.

> Couverture en couleur de *Chéret*.

2680. **Le Jolle.** Description de la ville d'Amsterdam, en vers burlesques. Selon la visite de six jours d'une semaine. Par Pierre le Jolle. *A Amsterdam, chés Jacques le Curieux*, 1666 ; pet. in-12, front., mar. orange, dos orné, fil., *non rogné* (*Trautz-Bauzonnet*). 225 fr.

> L'auteur de cet amusant ouvrage naquit à Dieppe en 1630 ; il appartenait à la religion réformée et dut s'expatrier à Amsterdam, où il composa et fit imprimer ce volume qui s'annexe à la collection elzévirienne (Willems, n° 1756). Haut. : 142 mill.

2681. **Le Maout** (Emm.). Botanique. Organographie et taxonomie. Histoire naturelle des familles végétales et des principales espèces selon la classification de M. Adrien de Jussieu. *Paris, Curmer*, 1854 ; pet. in-4, br. 15 fr.

> Frontispice, 18 planches sur bois, 23 planches coloriées et nombreuses vignettes dans le texte.

2682. **Le Moyne** (Le Père Pierre). Œuvres poétiques. Enrichies de très belles figures en taille-douce. *Paris, Thomas Jolly*, 1672 ; in-fol., mar. brun jans., tr. dor. (*Belz-Niedrée*). 45 fr.

> Ces œuvres poétiques réunissent au *Saint-Louis* différentes poésies du P. Lemoine publiées antérieurement, ainsi que des vers faisant partie de la Galerie des femmes forte et des Peintures morales, etc.
> Frontispice gravé par *Scotin*, en-têtes et culs-de-lampe.

2683. **Lenet.** Mémoires de Monsieur L*** (Pierre Lenet), conseiller d'Etat : contenant l'histoire des guerres civiles des années 1649 et suivantes ; principalement celles de Guienne et autres provinces. *S. l.*, 1729 ; 2 vol. in-12, mar. bleu, tr. dor. (*Trautz-Bauzonnet*). 200 fr.

> Exemplaire contenant des notes et additions *manuscrites* contemporaines de la publication ; en outre le tome I est suivi de

13 ff. et le tome II de 12 ff. de texte *manuscrit* de l'époque *pour rétablir un certain nombre de passages qui avaient été retranchés à l'impression.*

Exemplaire du comte ROGER (du Nord), avec son chiffre répété sur le dos et aux angles des plats de la reliure.

2684. Le Pays. Les Nouvelles Œuvres. — Amitiez, amours, amourettes. Dernière édition corrigée de plusieurs fautes qui se sont glissées dans les précédentes. *Suivant la copie de Paris, Amsterdam, Abr. Wolfgang,* 1687-1687 ; 2 vol. pet. in-12, front., mar. rouge, fil. à froid, tr. dor.   50 fr.

A la suite : le Portrait de l'auteur envoyé à S. A. Madame la duchesse de Nemours. Haut. : 131 mm.

2685. Le Sage. Le Diable boîteux. Nouvelle éditon, corrigée, refondue et ornée de figures. *Londres, Pierre van Cleef,* 1755 ; 2 vol. in-12, mar. brun, dos orné, fil., tr. dor.   20 fr.

Figures en taille-douce. Armoiries sur les plats.

2686. Le Sage. Histoire de Gil Blas de Santillane. *Paris, Alph. Lemerre,* 1877-1878 ; 4 vol. pet. in-12, front., demi-rel. dos et coins de mar. brun, dos orné, tr. rouge (*Amand*).   20 fr.

PAPIER VERGÉ.

2687. Lettres d'un docteur allemand de l'université catholique de Strasbourg (le P. J.-J. Scheffmacher de la compagnie de Jésus) à un gentil-homme protestant. *Strasbourg, J.-F. Leroux,* 1730-1732 ; 2 vol. in-4, bas.   8 fr.

2688. Lettres et les Arts (Les). Revue illnstrée. *Paris, Boussod et Valadon,* 1886 ; 12 livraisons in-4, br.   200 fr.

Ces 24 fascicules forment la première année de cette très belle publication, qui fut tirée à petit nombre et rédigée par les meilleurs écrivains de notre époque. Nombreuses illustrations dans le texte et grandes compositions hors texte tirées en noir, en teintes différentes et en couleurs, par les artistes modernes les plus en renom.

2689. Leupol et Eugène de **Mirecourt.** La Lorraine. Antiquités, chroniques, légendes. Histoire des faits et des personnages célèbres, description des sites et des monuments remarquables de cette province, avec gravures. *Nancy, Hin-*

zelin, 1839-1840 ; 3 vol. in-8, cart., *non rognés.*   20 fr.

Frontispices et figures sur Chine.

2690. Levasseur (R.). Mémoires de R. Levasseur (de la Sarthe), ex-conventionnel. *Paris, Rapilly,* 1829-1831 ; 4 vol. in-8, portr., cart., *non rogné.*   40 fr.

2691. Leynadier et **Clausel.** Histoire des Conquêtes des français en Algérie. *Paris, Roux,* 1846 ; 2 vol. in-8, cart., *non rognés.*   10 fr.

24 gravures sur acier en noir ou en couleur.

2692. Livingstone (David). Explorations dans l'intérieur de l'Afrique australe et voyages à travers le continent de S.-Paul de Loanda à l'embouchure du Zambèse de 1840 à 1856. Ouvrage traduit de l'anglais par Mᵐᵉ H. Loreau. *Paris, Hachette,* 1859 ; in-8, demi-rel. dos et coins de chagr. rouge, tête dor., *non rogné.*   9 fr.

Portraits et vignettes sur bois.

2693. Longus. LES AMOURS PASTORALES de Daphnis et de Chloé, escriptes premièrement en grec par Longus, et puis traduictes en françois. *Paris, Vincent Sertenas,* 1559 ; in-8, mar. bleu, fil. à froid, doublé de mar. rouge, dent., tr. (*Bauzonnet-Trautz*).   600 fr.

PREMIÈRE ÉDITION, très rare, de la traduction d'Amyot, comprenant 3 ff. chiffr. et 1 f. contenant au vᵉ la marque du libraire (Silvestre, nᵒ 221).

2694. Lottin de Laval. Les Galanteries du maréchal de Bassompierre. *Paris, Hortet et Ozanne,* 1839 ; 4 vol. in-8, portr., demi-rel. dos et coins de peau de truie, tête dor., *non rognés.*   15 fr.

2695. Lovenjoul (Charles de). Les Projets littéraires de Théophile Gautier. *Paris, impr. Quantin,* 1882 ; gr. in-8, cart., *non rogné.* 4 fr.

PAPIER VERGÉ. Tirage à part à 100 exemplaires de cette étude qui parut dans le « Livre » de mars 1882.

Portrait et fac-simile de l'écriture de Th. Gautier, sur Chine.

2696. Magen (Hippolyte). Histoire du second Empire. *Bordeaux, s. d.* (1879) ; in-4, demi-rel. chagr. vert.   4 fr.

Illustrée par *Blanchard , G. Brion , Chifflart, Creppon, Demarle, G. Doré,*

Férat, etc., de portraits, vues, scènes, plans, cartes et autographes, gravés sur bois.

2697. Magny (Jules). L'Océan. *Montrouge*, 1882 ; in-8, fig., demi-rel. chagr. brun, tête dor., *non rogné*. 3 fr.

2698. Magny (Olivier de). LES ODES d'Olivier de Magny, de Cahors en Quercy. *Paris, André Wechel*, 1559 ; in-8 de 192 ff. ch., mar. rouge, dos orné, fil. à fr., tr. dor. (*Bauzonnet-Trautz*). 600 fr.

EDITION ORIGINALE, très rare.
Exemplaire grand de marges. — Haut. : 162 mill.

2699. Malherbe. Les Lettres de Messire François de Malherbe, gentilhomme ordinaire de la Chambre du Roy. *Paris, Antoine de Sommaville*, 1645 ; in-12, mar. rouge, tr. dor. (*Trautz-Bauzonnet, 1859*). 60 fr.

EDITION ORIGINALE, rare, de ces lettres, précédées de la traduction du vingt-troisième livre de Tite-Live.
Bel exemplaire.

2700. Mario (Marc) et **Launay**. Vidocq. Le Roi des voleurs. — Le Roi des policiers. *Paris, s. d.* (1888-1890); in-4, demi-rel. chagr. vert, tr. marbr. 8 fr.

Illustré d'un grand nombre de figures et de 2 frontispices en couleurs. Marc Mario est le pseudonyme de Maurice Jogand.

2701. Marsollier. Histoire de Henry de la Tour d'Auvergne, duc de Bouillon : où l'on trouve ce qui s'est passé de plus remarquable sous les règnes de François II, Charles IX, Henri III, Henry IV, la minorité et les premières années du règne de Louis XIII. Par M. Marsollier. *Paris, François Barois*, 1719; in-4 à 2 col., mar. bleu, tr. dor. (*Trautz-Bauzonnet*). 150 fr.

Exemplaire du comte ROGER (du Nord), avec son chiffre répété sur le dos et les plats de la reliure.

2702. Mascurat. Jugement de tout ce qui a esté imprimé contre le Cardinal Mazarin, depuis le sixième janvier jusques à la déclaration du premier avril mil six cens quarante-neuf. *S. l. n. d.* (*Paris*, 1649); gr. in-4, mar. rouge, fil. à froid, tr. dor. (*Duru*). 250 fr.

Ouvrage rare et très curieux, connu sous le nom de *Mascurat*. Ce sont des dialogues où Gabriel Naudé (Saint-Ange) et Mascurat (l'imprimeur Camusat) s'entretiennent des pamphlets publiés contre Mazarin et jugent les ennemis du ministre.

Exemplaire à toutes marges et sur GRAND PAPIER (quelques ff. sont presque NON ROGNÉS). Il provient des bibliothèques de Ch. NODIER, dont il porte l'*ex-libris*, et d'AIMÉ MARTIN.

2703. Masson (Frédéric). Napoléon chez lui. La Journée de l'Empereur aux Tuileries. *Paris, Dentu* (1894) ; in-8 , demi-rel. dos et coins de mar. vert, dos orné, tête dor:, *non rogné*. 25 fr.

Illustrations de *Myrbach*. Exemplaire sur PAPIER DU JAPON.

2704. Masuccio. Il Novellino di Masuccio Salernitano nel quale si contengono cenquanta novelle. (A la fin :) *Venetia nella officina Gregoriana*, 1522 ; in-4, mar. rouge, dos orné, milieux, tr. dor. (*Trautz-Bauzonnet*). 350 fr.

Belle et fort rare édition de ce recueil de 50 nouvelles du Boccace napolitain, offrant un curieux tableau des mœurs licencieuses italiennes au XVᵉ siècle.

2705. Mauléon (Lambert de). Les Mérovingiens [Les Carlovingiens], et la France sous cette dynastie. *Paris, Egron*, 1816 ; 3 parties en 2 vol. in-8, mar. vert, dos orné, dent., tr. dor. 75 fr.

Bel exemplaire aux armes de Marie-Thérèse-Charlotte de France, duchesse d'ANGOULÊME, fille du roi Louis XVI.

2706. Mazarinades (Recueil de), en prose, et autres pièces relatives à la Fronde. (*Paris*), 1649-1652 ; 27 pièces en 1 vol. in-4, mar. rouge, fil. à froid, éb. (*Masson-Debonnelle*). 35 fr.

L'anti requeste civile. — Arrest contre l'autheur de la vérité toute nue. — Censure ou refutation de soupirs françois. — Consolation des femmes vefves de Paris. — Courrier de la Paix. — Déclarations des prétentions de MM. nos généraux. — Déclaration du roy portant translation du Parlement à Pontoise. — Injonction au Parlement de se rendre à Pontoise. — toise. — Discours aux soldats françois. — L'esprit de paix. — L'esprit d'interest. — Les généreux conseils d'un gentilhomme. — Les généreux sentiments du véritable françois. — Etc.

2707. Mellin de Saint-Gelais. Œuvres poétiques de Mellin de S. Gelais. *Lyon, Antoine de Harsy*, 1574; in-8 réglé de 8 ff. et 253 pp., mar. bleu, tr. dor. (*Trautz-Bauzonnet, 1851*). 300 fr.

Cette jolie édition, qui passa longtemp

pour l'originale, est la seconde et la plus complète des œuvres de ce poète.
Exemplaire grand de marges.

2708. Mémoires d'un vieil Avocat, écrits par lui-même, recueillis et mis en ordre par M. le comte Am. de B. (Amédée de Bast). *Paris, Hipp. Souverain,* 1847; 3 vol, in-8, cart., *non rognés.*   15 fr.

2709. Mémoires de Monsieur le marquis de St *** ou les Amours fugitifs du cloître (par le marquis d'Argens). *Amsterdam (Paris),* 1749; 2 tomes en un vol. petit in-12, mar. citron, fil. à froid, doublé de mar. vert, tr. dor.   10 fr.

2710. Mémoires de Monsieur du V*** (Du Voiser) écrits par lui-même. *Paris, J. Sincère,* 1713; in-12, front., demi-reliure chagr. bleu, dos orné.   5 fr.

2711. Mémoires historiques de la vie du prince et duc de Marlboroug. Traduit de l'anglais. *Amsterdam, Pierre Humbert,* 1715; pet. in-12, portr., mar. rouge, dos orné, double rangée de fil., tr. dor. 25 fr.

2712. Mémoires historiques et politiques d'un Fou de qualité (par Ch. Doris, de Bourges). *Paris, Lemonnier,* 1819; in-8, cart., *non rogné.*   7 fr.

2713. Mémoires secrets sur la vie privée, politique et littéraire de Lucien Buonaparte, prince de Canino. *Paris,* 1818; in-8, portr., demi-rel. bas.   4 fr.

2714. Menestrier. La Nouvelle Méthode raisonnée du Blason, pour l'apprendre d'une manière aisée, réduite en leçons, par demandes et par réponses. *Lyon, Louis Bruyset,* 1718 ; in-12, front. et fig., chagr. rouge, dos orné, fil., tr. dor.   15 fr.
Taches.

2715. Méré (le chevalier de). Maximes, sentences et réflexions morales et politiques (par le Chevalier de Méré). *Paris, Guillaume Cavelier,* 1687; in-12, mar. rouge jans., tr. dor. (*Trautz-Bauzonnet*). 100 fr.
ÉDITION ORIGINALE.

2716. Méry. Constantinople et la Mer noire. *Paris, Belin-Leprieur,*

1855 ; gr. in-8, front., demi-rel. mar. rouge, tr. dor.   15 fr.
Illustré de 20 figures, dont 5 en couleur, et un frontispice dessiné et gravé par *Rouargue frères.*

2717. Mézeray (François de). Histoire de la régence de la reine Marie de Médicis, femme de Henry IV, mère de Louis XIII. *La Haye et Francfort,* 1743 ; in-4, veau. (*Rel. anc.*).   6 fr.
Quoique cet ouvrage ait été imprimé avec le nom de Mézeray, Lenglet du Fresnoy, Foncemagne et Prosper Marchand l'attribuent au cardinal de Richelieu.

2718. Millot. L'Art de procréer les sexes à volonté, ou histoire physiologique de la génération humaine. Quatrième édition. *Paris, impr. de Migneret* (1806) ; in-8, mar. La Vallière, dos orné, fleurons d'angle, tr. dor. (*Chatelin*).   40 fr.
Curieux traité illustré de planches en taille-douce.

2719. Mirecourt (Eugène de). La Bourse, ses abus et ses mystères. *Paris, l'auteur,* 1858 ; in-8, mar. vert, dos orné, comp. de fil., tr. dor.   15 fr.
Exemplaire aux armes impériales.

2720. Mirecourt (Eug. de). Les Contemporains. Portraits et silhouettes au XIXe siècle. *Paris,* 1869-1871 ; 122 fasc. in-12, portr., br.   25 fr.
Les fascicules 108, 111, 113, 115, 116, 120, 124 à 130, 131, 132, 133, 135 et 138, manquent.

2721. Misères (les) de la vie humaine, ou les gemissemens et soupirs exhalés au milieu des fêtes, des spectacles, des bals et des concerts, des amusements de la campagne, etc. Traduction par T.-P. Bertin. *Paris, Chaumerot,* 1809 ; 2 vol. in-8, veau gris, dos orné, tr. rouge.   10 fr.
Frontispices lithographiés.

2722. Molière. Œuvres complètes de Molière, avec un discours préliminaire sur la comédie, une vie de Molière et des notices sur chaque pièce, par Auger. *Paris, Furne,* 1838 ; gr. in-8, br., couv.   12 fr.
Portrait par *Chenavard* et 15 jolies figures sur acier d'après *Horace Vernet, A. Johannot, Desenne* et *Hersent,* etc.

Achat de Bibliothèques

2723. Molière. Œuvres complètes de Molière. Illustrées de nombreuses vignettes. *Paris, Ch. Lahure, s. d.* ; 2 vol. pet. in-4 à 2 col., br., couv. 5 fr.

2724. Monet (Henri). La Martinique. *Paris, Savine, s. d.* ; in-8, cart., non rogné. 4 fr.

Illustrations de *Gerardin, G. Scot, L. Tinayre, Guilliod* et *Moreno*.
Relation des 67 ouragans qui ont désolé cette île de 1657 à 1858.

2725. Montaigne. Essais de Messire Michel, seigneur de Montaigne, chevalier de l'ordre du Roy et gentilhomme ordinaire de sa chambre, maire et gouverneur de Bourdeaus. Edition seconde, revuë et augmentée. *A Bourdeaus, par S. Millanges,* 1582 ; in-8, mar. rouge, dos orné, fil., tr. dor. (*Trautz-Bauzonnet,* 1857). 600 fr.

SECONDE ÉDITION ORIGINALE des *Essais*. C'est la réimpression de celle de 1580, renfermant comme elle les deux premiers livres, mais imprimée avec plus de soin et d'élégance.
Exemplaire réglé. Haut. : 155 mill.

2726. Montaigne. Les Essais de Michel, seigneur de Montaigne. Nouvelle édition exactement purgée des défauts des précédentes, selon le vray original... *A Amsterdam, chez Anthoine Michiels,* 1659 ; 3 vol. in-12, portr. gravé, mar. bleu, doublé de mar. rouge, dent., tr. dor. (*Trautz-Bauzonnet,* 1851). 600 fr.

Édition imprimée par Foppens à Bruxelles, recherchée pour sa belle exécution typographique. Elle se joint aux Elzevier (Willems, n° 1982).
Exemplaire réglé. Haut. : 155 mill.

2727. Montgaillard (abbé de). Histoire de France, depuis la fin du règne de Louis XVI jusqu'à l'année 1825. *Paris, Moutardier,* 1827 ; 9 vol. in-8, portr., demi-rel. veau fauve, non rognés. 40 fr.

2728. Montpensier (Duc de). Mémoires du duc de Montpensier (Antoine-Philippe d'Orléans), prince du sang. *Paris, impr. royale,* 1837 ; in-8, portr., mar. rouge, dos orné, dent., comp. de fil. et milieux, tabis, tr. dor. 20 fr.

Papier vélin fort. Exemplaire dans une jolie reliure en mar. à grains longs, de l'époque du livre.

2729. Moynier (Louis). Lettres d'un chien errant sur la protection des animaux. Lettre-préface de Léon Cladel. Poème inédit de Jean Richepin. *Paris, Dentu,* 1888 ; in-4, demi-rel. dos et coins de mar. brun, tête dor., non rogné. 25 fr.

Exemplaire sur PAPIER DU JAPON. Illustrations par *Rosa Bonheur, Benj. Constant, Béraud, Detaille, Frémiet, J.-P. Laurens, Puvis de Chavannes,* etc.

2730. Musique (la) du Diable ou le Mercure galant dévalisé. *Paris, Robert le Turc (Hollande),* 1711 ; front., mar. rouge, dos orné, fil., tr. dor. (*Chambolle-Duru*). 40 fr.

Pamphlet rare et curieux. L'auteur, resté inconnu, met en scène Lulli et les musiciens du temps, Le Noble, de Visé et autres.

2731. Néel. Voyage de Paris à Saint-Cloud par mer et par terre. Suivi du Retour par Aug.-Martin Lottin. Avec introduction et douze eaux-fortes par Jules Adeline. *Rouen, Augé,* 1878 ; in-8, en feuilles dans un carton. 12 fr.

Édition tirée à 250 exemplaires sur PAPIER VERGÉ avec texte entouré d'un filet rouge et encadré d'une jolie bordure.

2732. Niel (Général). Siège de Sébastopol. Journal des opérations du génie. *Paris, Dumaine,* 1858 ; in-4, cart., non rogné. 25 fr.

Avec atlas in-folio contenant 14 planches.

2733. Nodier (Charles). Paris historique, Promenade dans les rues de Paris, avec un résumé de l'histoire de Paris, par P. (Pithois) Christian. *Paris, Bertrand,* 1838-1839 ; 3 vol. in-8, demi-rel. chagr. vert. 50 fr.

Ouvrage illustré de 200 vues et de 2 frontispices lithographiés d'après les dessins de *A. Régnier* et *Campin,* tirés sur papier de Chine.

2734. Nodier (Charles). Promenade de Dieppe aux Montagnes d'Ecosse. *Paris, Barba,* 1821 ; in-12, demi-rel. veau fauve. 18 fr.

Figures en couleur et cartes.

2735. Norvins. Histoire de Napoléon. Troisième édition, revue, corrigée et augmentée par l'auteur. *Paris, Thoisnier-Desplaces,* 1829 : 4 vol. in-8, demi-rel. mar. rouge, dos orné, non rognés. 45 fr.

Édition ornée de portraits, de vignettes, de cartes et de plans. Bel exemplaire.

2736. Nouvelle Mode (La), revue politique et littéraire. *Paris,* 1841 ;

in-8, chagr. violet, dos et plats ornés, tr. dor.   20 fr.

Portrait de la duchesse d'Orléans, du duc d'Aumale ; costumes de modes et costumes militaires en couleurs.

2737. **Ordre des Cocus** réformez, nouvellement establis à Paris. La cérémonie qu'ils tiennent en prenant l'habit ; les statuts de leur ordre et un petit abrégé de l'original de ces peuples. *S. l. n. d. ;* in-8 de 16 pp. mar. citron, dos orné, fil., tr. dor. (*Trautz-Bauzonnet, 1851*).   75 fr.

Exemplaire à toutes marges, d'une pièce très rare publiée à Paris vers 1620.

2738. **Pagès** (François). Histoire secrète de la Révolution françoise. *Paris, Dentu,* 1797-1800 ; 5 vol. in-8, cart., *non rognés.*   40 fr.

Ces mémoires s'étendent de la convocation des notables (1788) au commencement de l'année 1800.

2739. **Paris.** Plan de Paris avec détails historiques de ses agrandissemens et de ses embelissemens depuis Jules César jusqu'à ce jour, par une société d'artistes. *Paris, Debray* (*vers* 1820) ; in-4. cart.   6 fr.

Documents intéressant pour l'histoire de Paris avec Plan de Paris dressé d'après Verniquet, Lagrive et Rousseau. — Elevation du pont de la Cité. — Carte du canal de l'Ourcq.

2740. **Pascal.** Pensées de M. Pascal sur la religion et sur quelques autres sujets. Qui ont esté trouvées après sa mort parmy ses papiers. *Paris, Guillaume Desprez,* 1670 ; in-12, mar. brun jans., tr. dor. (*Trautz-Bauzonnet*).   70 fr.

Contrefaçon de l'édition originale: elle comprend 36 ff. prél. non chiff., 365 pp. de texte, 10 ff. de table et 1 f. pour le privilège avec l'Errata au verso. Au lieu du chiffre de G. Desprez, cette contrefaçon a un fleuron sur le titre.
Exemplaire avec une note de la main de M. Basse sur le f. de garde.

2741. **Pasquier.** Les Lettres d'Estienne Pasquier, conseiller et advocat général du Roy en la Chambre des Comptes de Paris. *Paris, Abel l'Angelier,* 1586 ; in-4, mar. rouge souple à recouvr., tr. dor. (*Trautz-Bauzonnet*).   200 fr.

ÉDITION ORIGINALE.
Exemplaire au chiffre du comte ROGER (du Nord).

2742. **Pasquier.** Les Lettres d'Estienne Pasquier, conseiller et advocat général du roy en la Chambre des Comptes de Paris. *Lyon, Jean Veyrat,* 1597 ; in-16, mar. rouge, tr. dor. (*Trautz-Bauzonnet*). 100 fr.

Bel exemplaire.

2743. **Peignot.** Dictionnaire critique, littéraire et bibliographique des principaux livres condamnés au feu, supprimés ou censurés : précédé d'un discours sur ces sortes d'ouvrages. *Paris, Renouard,* 1806 ; 2 vol. in-8, mar. rouge jans., tête dor., *non rognés* (*Canape-Belz*) 50 fr.

Très bel exemplaire.

2744. **Peignot.** Prédicatoriana ou révélations singulières et amusantes sur les prédicateurs ; entremêlés d'extraits piquants des sermons bizarres, burlesque et facétieux, prêchés tant en France qu'à l'étranger, notamment dans les XVe, XVIe et XVIIe siècles ; suivies de quelques mélanges curieux, avec notes et table par G.-P. Philomeste. *Dijon, Lagier,* 1841 ; in-8, demi-rel. dos et coins de mar. brun, tête dor., *non rogné.*   10 fr.

2745. **Pelletan** (Ph.-J.). Clinique chirurgicale, ou mémoires et observations de chirurgie clinique, et sur d'autres objets relatifs à l'art de guérir. *Paris, J.-G. Dentu,* 1810 ; 3 vol. in-8, mar. vert, dos orné, dent., tr. dor. (*Rel. anc.*).   150 fr.

Bel exemplaire aux armes de *Cambacérès,* duc de Parme, archichancelier de l'Empire.

2746. **Pellion** (Gal). La Grèce et les Capodistrias pendant l'occupation française de 1828 à 1834. *Paris, Dumaine,* 1855 ; in-8, demi-rel. chagr. bleu.   4 fr.

Envoi d'auteur au ministre des travaux publics.

2747. **Peltier.** Dernier Tableau de Paris, ou récit historique de la Révolution du 10 août 1792, des causes qui l'ont produite, des événemens qui l'ont précédée, et des crimes qui l'ont suivie. *Londres et Bruxelles,* 1793 ; 2 vol. in-8, cart. 12 fr.

Portraits de Louis XVI et de Louis XVII. Plan des abords du château des Tuileries.
A la suite on a relié : Une Fleur sur le tombeau de Louis XVI, par un ami de la justice et de l'humanité. Bruxelles, 1793, portr.

2748. **Perin** (René). Vie militaire de J. Lannes, maréchal de l'Empire, duc de Montebello, colonel-général des Suisses. *Paris, Maugeret,* 1809; in-8, front., cart., *non rognés*   5 fr.

2749. **Philosophie** (La) naturelle restablie en sa pureté, où l'on void à découvert toute l'œconomie de la nature ; et où se'manifestent quantité d'erreurs de la philosophie ancienne. Avec le traicté de l'ouvrage secret de la philosophie d'Hermez qui enseigne la manière et la façon de faire la pierre philosophale.(Par Jean Bachou). *Paris, Edme Pepingué,* 1651 ; in-12, mar. bleu, fil. à froid, tr. dor. (*Allô*).   30 fr.

2750. **Pick** (Eugène) de l'Isère. Les Fastes de la grande armée d'Orient. Histoire politique, militaire et maritime de campagnes de Crimée et de la Baltique. *Paris,* 1857 ; in-8, portr., demi-rel. chagr. noir.   4 fr.

2751. **Pièces historiques,** rares ou inédites, pour servir à l'instruction du temps présent. (*Paris, Crapelet,* 1830); in-8, cart., *non rogné.*   12 fr.

La découverte des équivoques et échapatoires des jésuites. — Le Courrier breton. — Interrogatoire des jésuites. — Arrêt du parlement de Paris, prononcé contre les jésuites. — Remontrances du Parlement sur le rétablissement des jésuites. — Les bons mots du petit père André. — Portrait des jésuites. — Bref de Clément XIV.

L'un des 21 exemplaires sur GRAND PAPIER VÉLIN.

2752. **Piedagnel** (Alexandre). Avril. Frontispice de Giacomelli, gravé à l'eau-forte par Lalauze. *Paris, Liseux,* 1877 ; in-12, mar. rouge, dos orné, fil., tr. dor. (*Smeers*) 50 fr.

L'un des 20 exemplaires tirés sur PAPIER DE CHINE avec le frontispice en triple épreuve.

2753. **Pizetta.** Le Monde tropical. *Montrouge,* 1885; in-8, fig., demi-rel. chagr. brun, tête dor., *non rogné.*   3 fr.

2754. **Platyne.** De honesta Voluptate et valitudine. ad amplissimum ac doctissimum D. B. Roverellam S. Clementis presbiterum cardinalem. (In fine:) *Impressum in civitate Austrie : impensis et expensis Gerardi de Flandria, Venetiarum duce inclito Johanne Mocenico, nono kalendas novembris,* 1480 ; in-4,

mar. rouge, dos orné, milieux, tr. dor. (*Trautz-Bauzonnet*)   250 fr.

Incunable de 89 ff. de texte, 4 ff. de table et 1 f. blanc.
Très bel exemplaire de cette édition fort rare du Platine, tiré sur GRAND PAPIER avec initiales rubliquées en couleurs. La reliure porte au centre des plats le chiffre de YEMENIZ.

2755. **Poésies** (Les) du Roy de Navarre (Thibault de Champagne), avec des notes et un glossaire françois, précédées de l'histoire des révolutions de la langue françoise depuis Charlemagne jusqu'à Saint Louis... (publiées par Lévêque de la Ravallière). *Paris, Guérin,* 1742; 2 vol. pet. in-8, mar. rouge, dos orné, fil. à froid, tr. dor. (*Bauzonnet-Trautz*)   120 fr.

Ouvrage curieux et recherché, orné de figures sur cuivre.

2756. **Poésies** satyriques du XVIIIe siècle. *Londres,* 1782 ; 2 vol. in-16, mar. rouge, dos orné, fil., tr. dor. (*Capé*)   40 fr.

Bel exemplaire orné de 2 frontispices de *Marillier.*

2757. **Poligny** (Comte de). Le Prêtre marié, épisode de la Révolution française, précédé d'une introduction par Charles Nodier. *Paris, Techener,* 1863 ; in-12, mar. bleu, dos orné, fil., coins remplis, tr. dor. (*Belz-Niedrée*)   18 fr.

2758. **Pommier** (Amédée). De l'Athéisme et du déisme. Deuxième édition. *Paris, Garnier,* 1857; in-12, cart., *non rogné,* couv.   3 fr.

2759. **Pommier** (A.). Colères. *Paris, Dolin,* 1844 ; in-8, cart., *non rogné,* couv.   5 fr.

ÉDITION ORIGINALE.

2760. **Pommier** (A.). Crâneries et dettes de cœur. *Paris, Dolin,* 1842 ; in-8, cart., *non rogné,* couv. 5 fr.

EDITION ORIGINALE.

2761. **Poncet** (Jules). Le Fleuve blanc. Notes géographiques et ethnologiques et les chasses à l'éléphant dans les pays des Dinka et des Djour. *Paris, Bertrand, s. d.* (1864); in-8, demi-rel. chagr. brun, tête dor., *non rogné.*   3 fr.

2762. **Porcacchi** (Thomaso). Funerali antichi di diversi popoli et nationi ; forma, ordine, et pompa di-

Et de Livres anciens et modernes

consecrationi antiche et d'altro, descritti in dialago da Thomaso Porcacchi da Castiglione Arretino. *In Venetia, appresso Simon Galignani de Karera,* 1574 ; in-4, vélin, milieux et tr. dor. (*Rel. anc.*) 100 fr.

Bel exemplaire de l'édition originale ornée de 23 figures finement gravées sur cuivre par *Girolamo Porro*.

2763. **Prévost** (l'abbé). Suite des Mémoires et Aventures d'un homme de qualité qui s'est retiré du monde (par l'abbé Prévost). *Amsterdam,* 1733 ; in-12, mar. citron, dos orné, fil., tr. dor. (*Trautz-Bauzonnet,* 1856) 125 fr.

Cette édition a été longtemps considérée comme l'originale de *Manon Lescaut*. Elle est en réalité la première édition séparée; elle fut publiée à Paris et fut interdite peu de jours après son apparition.
Bel exemplaire. Haut. : 160 mill.

2764. **Procès d'Amour** (Les Cinq premiers livres du) avec les amours chrestiennes du mesme autheur. *Paris, Antoine Estiene,* 1630; in-4, mar. rouge, dos orné, tr. dor. (*Trautz-Bauzonnet*) 250 fr.

Ouvrage anonyme. L'imprimeur dit que ce livre « lui est venu de la Bibliothèque d'un personnage d'érudition et qui le prisoit grandement ». Il se compose de 8 ff. prél. dont le dernier blanc, et 211 pp.
Exemplaire provenant de la Bibliothèque du comte d'AUFFAY et de celle du comte de BÉHAGUE.

2765. **Promenades** d'un artiste. Tyrol-Suisse. Nord de l'Italie. (Par Désiré Nisard). *Paris, Renouard,* s.d.; in-8, demi-rel. mar. rouge. 12 fr.

Illustré de 26 gravures sur acier d'après *Stanfield* et *Turner*.

2766. **Puckler Muskau** (Prince). Mémoires et voyages du prince Puckler Muskau. Lettres posthumes sur l'Angleterre, l'Irlande, la France, la Hollande et l'Allemagne, trduites par J. Cohen. *Paris, Fournier,* 1832-1833 ; 5 vol. in-8, demi-rel. 18 fr.

2767. **Quérard**. Les Supercheries littéraires dévoilées, par J.-M. Quérard. *Paris, Daffis,* 1869-1870 ; 3 vol. in-8, br. 30 fr.

L'un des 100 exemplaires tirés sur GRAND PAPIER VERGÉ.

2768. **Rabbe** (Alph.) Histoire d'Alexandre Ier, empereur de toutes les Russies, et des principaux événemens de son règne. *Paris, Treut-*

tel et Würtz, 1826 ; 2 vol. in-8, veau vert, dos orné, dent., tr. marbr. 40 fr.

Bel exemplaire au chiffre de Caroline de Bourbon, duchesse de BERRY.

2769. **Rabutaux**. De la Prostitution en Europe depuis l'antiquité jusqu'à la fin du XVIe siècle. Avec uue bibiographie par M. P. Lacroix. *Paris, Séré,* 1851 ; in-4, demi-rel. chagr. brun, plats toile. 15 fr.

Illustré de 4 planches hors texte gravées par *Bisson* et *Cottard* d'après les dessins de *A. Racinet fils.*

2770. **Raismes** (Gaston de). Soldats de France. Actions héroïques. *Paris, Lemerre, s. d.;* 2 vol. gr. in-8, demi-rel. dos et coins de mar. rouge, tête dor., *non rognés.* 20 fr.

Généraux de la République. — Maréchaux de l'Empire.
Illustrations de *Henri Pille.*

2771. **Recueil de pièces curieuses et nouvelles,** tant en prose qu'en vers. *La Haye, Adrien Moetjens,* 1694-1071 ; 30 parties en 10 tomes reliés en 5 vol. in-12, mar. vert, *non rogné* (*Trautz-Bauzonnet,* 1855). 1,000 fr.

Recueil fort rare de pièces de Boileau, Boyer, Mme Deshoulières, La Fontaine, Pavillon, Perrault, Pradon, Racine, Saint-Evremond, Senecé et autres.
On y trouve onze *Contes* de Perrault en prose et en vers, qui, d'après quelques bibliographes, se retrouveraient ici en ÉDITION ORIGINALE.
Exemplaire NON ROGNÉ, avec la trentième partie qui manque souvent.

2772. **Recueil général** et complet des Fabliaux des XIIIe et XIVe siècles imprimés ou inédits, publiés d'après les manuscrits par M. Anatole de Montaiglon. *Paris, libr. des Bibliophiles,* 1872; 2 vol. in-8, mar. rouge jans., tête dor., *non rognés* (*Amand*) 45 fr.

L'un des 25 exemplaires sur PAPIER DE CHINE (n° 8).
Bel exemplaire.

2773. **Regnard**. Œuvres, suivies des Œuvres choisies de N. Destouches. *Paris, Ledentu,* 1836 ; gr. in-8 à 2 col., demi-rel. chagr. rouge, dos orné, tr. peigne. 5 fr.

2774. **Renan** (Ernest). Le Cantique des Cantiques, traduit de l'hébreu avec une étude sur le plan, l'âge et caractère du poëme. Deuxième édition. *Paris, Michel Lévy*, 1861. — Le Livre de Job, traduit de l'hébreu. Deuxième édition. *Paris, Michel Lévy*, 1860 ; ens. 2 tomes en 1 vol. in-8, demi-rel. veau fauve, tête dor., *non rogné*. 7 fr.

2775. **Revue anecdotique** des Lettres et des Arts. Documents biographiques de toute nature. Nouvelles des librairies et des théâtres. Bons mots, etc. *Paris*, 1855-1862 ; 15 vol. in-8, br. 30 fr.

Collection complète de 1855 à 1862.

2776. **Ribeyre** (Félix). L'Empereur et l'Impératrice en Auvergne. *Paris, E. Pick*, 1862 ; in-8, cart. ill., *non rogné*. 5 fr.

Portraits lithographiés et vignettes sur bois. Taches de rousseur.

2777. **Richard** (l'abbé). La Théorie des Songes. *Paris, Estienne*, 1766 ; in-12, demi-rel. veau fauve, dos orné, *non rogné*. 8 fr.

2778. **Richard** (Jules). Le Salon militaire de 1886 [à 1888]; 3 vol. in-4, demi-rel. dos et coins de mar. rouge, tête dor., *non rognés*. 90 fr.

Chacun de ces volumes renferme 50 belles photogravures.
Très bel exemplaire.

2779. **Rochefort** (L. de). Souvenirs et mélanges littéraires, politiques et biographiques. *Paris, Bossange*, 1826 ; 2 vol. in-8, demi-rel. veau fauve, dos orné. 15 fr.

Mémoires écrits par le père du célèbre pamphlétaire.

2780. **Rois** (Les) de France. Notices tirées des Galeries historiques de Versailles. *Paris, Gavard, s. d.* ; gr. in-8, demi-rel. mar. citron, dos orné, tr. jaspée. 18 fr.

66 portraits gravés sur acier représentant les rois depuis Clovis jusqu'à Louis-Philippe. — Vignettes sur bois.

2781. **Ronsard**. Les Quatre premiers livres des Odes de P. de Ronsard, Vandomois. *Paris, veufve Maurice de la Porte*, 1555 ; in-8 de 4 et 132 ff., portr., mar. rouge, fil. à froid, tr. dor. (*Bauzonnet-Trautz*). 300 fr.

Exemplaire très grand de marges. Portrait de Ronsard gravé sur bois.

2782. **Ronsard**. Le Cinquième des Odes de P. de Ronsard, augmenté. Ensemble la Harangue que fit Mon-

seigneur le duc de Guise aus soudars de Mez le jour qu'il pensoit avoir l'assaut, traduite en partie de Tyrtée, poëte grec, et dédiée à Monseigneur le Reverendime (*sic*) Cardinal de Lorraine, son frère. *Paris, veuve Maurice de la Porte*, 1553 ; in 8 de 180 pp., mar. rouge, fil. à froid, tr. dor. (*Trautz-Bauzonnet*) 300 fr.

ÉDITION ORIGINALE, très rare, du cinquième livre des *Odes* renfermant en outre *Les Baccanales, ou le Folâtrime voiage d'Hercueil près Paris, dédié à la joieuse troupe de ses compagnons.*
Exemplaire réglé, grand de marges. — Portrait de Ronsard gravé sur bois.

2783. **Rougebief** (Eugène). Histoire de la Franche Comté ancienne et moderne, précédée d'une description de cette province. *Paris, Stévenard*, 1851 ; gr. in-8, br. 7 fr.

Portraits sur acier.

2784. **Roujoux** (Alfred) et **Mainguet**. Histoire d'Angleterre depuis les temps les plus reculés jusqu'à nos jours. Nouvelle édition augmentée de plus d'un tiers et enrichie d'un grand nombre de gravures, de tableaux synoptiques, cartes géographiques, etc. *Paris, C. Hingray*, 1844-1845 ; 2 vol. gr. in-8, cart. toile, fers spéciaux, tr. dor. 30 fr.

Illustré d'un portrait sur Chine, de nombreuses figures sur bois et cartes. Taches de rousseur.

2785. **Saint-Pierre** (Bernardin de). Paul et Virginie. *Paris, impr. de P. Didot l'aîné*, 1806 ; in-fol., cart., *non rogné*. 120 fr.

Exemplaire imprimé sur GRAND PAPIER de format in-fol., illustré d'un portrait et de 6 belles figures par *Prud'hon, Lafitte, Girodet, Gérard, Isabey* et *Moreau le jeune*, tirés AVANT LA LETTRE.

2786. **Saint-Simon**. EXTRAIT DES MÉMOIRES DE M. L. D. D. S. S. (le Duc de Saint-Simon), tel qu'il a été rédigé par M. l'A. D. V. (l'abbé de Voisenon). 4 vol. pet in-4, mar. vert, dos orné, fil., tr. dor. (*Derome*). 1000 fr.

PRÉCIEUX MANUSCRIT du milieu du XVIII° siècle, recouvert d'une reliure aux armes de Marie-Anne Hardy du Plessis, marquise de SARTINE.
On lit sur un des f. de garde l'intéressante note manuscrite suivante : « Monsieur le Duc de Choiseul ayant ouvert à l'abbé de Voisenon le dépôt des Affaires étrangères, celui-ci en profita pour en extraire un abrégé des *Mémoires du Duc*

Et de Livres anciens et modernes

de Saint-Simon. Ces fragments historiques restèrent longtemps à l'état de manuscrits, et cette copie fut exécutée pour **M.** de Sartine, lieutenant général de police et Ministre d'Etat…Cette compilation des *Mémoires* de Saint-Simon disparut de la circulation, soit que le gouvernement d'alors le voulut ainsi, soit que cette partie des travaux de l'abbé de Voisenon lui ait été volée, comme le dit la *Biographie universelle* (t. XLIX, p. 411). Ce ne fut qu'en 1788 qu'un fureteur de manuscrits, abrégeant les Extraits de Voisenon, ou plutôt de Chevalier, son secrétaire, la vendit à un libraire, qui la fit en 3 vol. in-8. Mais cette publication ne produisit pas en entier le travail de Voisenon, dont ce précieux manuscrit est peut-être la seule copie complète. »

2787. Salles (Félix). Annales de l'ordre teutonique ou de sainte Marie-de-Jérusalem depuis son origine jusqu'à nos jours et du service de santé volontaire ; avec les listes officielles des chevaliers et des affiliés. *Paris et Vienne*, 1887 ; in-8, demi-rel. dos et coins de mar. rouge, tête dor., *non rogné* (*Rousselle*).   12 fr.

2788. Samat (J.-B.). Chasses de Provence. Illustrations de l'auteur. *Paris et Marseille*, 1896 ; in-8 carré, demi-rel. dos et coins de mar. vert, tête dor., *non rogné*.   8 fr.

2789. Sandras de Courtilz. Annales de la Cour et de Paris, pour les années 1697 et 1698 (par Gatien Sandras de Courtilz). *Cologne, Pierre Marteau (Hollande)*, 1702 ; pet. in-12, mar. rouge, dos orné, fil., tr. dor. (*Derome*).   100 fr.

2790. Sarah-Bernhardt. Dans les Nuages, impressions d'une chaise. Illustré par Georges Clairin. *Paris, Charpentier, s. d.* ; in-4, br. 6 fr.

2791. Sarazin. Les Œuvres de Monsieur Sarasin. *Paris, Thomas Jolly,* 1663 ; 2 tomes en un vol. in-12, mar. citron, dos orné, fil., tr. dor. (*Trautz-Bauzonnet*).   150 fr.

Bel exemplaire avec le portrait de l'auteur gravé par *R. Lochon.*

2792. Sarazin. Nouvelles Œuvres de Monsieur Sarazin. *Paris, Claude Barbin,* 1674 ; 2 tomes en 1 vol. in-12, mar. citron, dos orné, tr. dor. (*Trautz-Bauzonnet, 1861*). 150 fr.

Seule édition de ces *Nouvelles Œuvres*, donnée par Fleury, ancien secrétaire de Ménage. — Exemplaire grand de marges.

2793. Sauval (Henri). Galanterie des Rois de France depuis le commencement de la Monarchie. Nouvelle édition enrichie de figures en taille-douce de B. Picart, et augmentée des amours des rois de France sous plusieurs races. *Suivant la copie imprimée à Paris, chez Charles Moette,* 1738 ; 2 vol. in-12, mar. rouge, dos orné, fil., tr. dor., tabis. (*Rel. anc.*). 100 fr.

Bel exemplaire.

2794. Scarron. Recueil des Œuvres burlesques de M. Scarron. *Jouxte la copie, à Paris, chez Toussainct Quinet* (*Bruxelles, Foppens*), 1655 ; 3 parties en 1 vol. pet. in-12, front. gravé, mar. orange, dos orné, fil., tr. dor. (*Trautz-Bauzonnet*). 75 fr.

Jolie édition imprimée en italiques ; elle s'annexe à la collection elzévirienne (Willems, n° 1972).

2795. Scarron. Typhon ou la Gigantomachie, poème burlesque. *Paris, T. Quinet,* 1648. — Recueil des Œuvres burlesques de M. Scarron. *Paris, T. Quinet,* 1648; 2 vol. in-4, chagr. bleu, dos orné, fil. à froid, milieux dor., tr. dor. 30 fr.

Frontispices en taille-douce par *David* et *J. Picart.*

2796. Scudéry (Madeleine de). Les Conversations sur divers sujets, par Mademoiselle de Scudéry. *Amsterdam, Daniel du Fresne,* 1682 ; 2 tomes en un vol. in-12, front. gravé, mar. citron, tr. dor. (*Trautz-Bauzonnet, 1861*).   200 fr.

Exemplaire relié sur brochure et NON ROGNÉ.

2797. Scudéry (Madeleine de). Conversations nouvelles sur divers sujets, dédiées au Roy (par Mademoiselle de Scudéry). *La Haye, Abraham Arondeus,* 1685 ; 2 tomes en un vol. in-12, front. gravé, mar. citron, tr. dor. (*Trautz-Bauzonnet, 1859*).   200 fr.

Exemplaire relié sur brochure.

2798. Segond (Albéric). Vichy-Sévigné, Vichy-Napoléon, ses eaux, ses embellissements, ses environs, son histoire. Suivi d'une notice par le Dr Casimir Daumas. *Paris, Plon, s. d.* ; pet. in-fol. obl., demi-rel. chagr. vert, plats de toile, tr. dor. 5 fr.

Illustrations par *H. Clerget.*

2799. Sérieys (A.). Histoire de Marie-Charlotte-Louise, reine des

Deux-Siciles. *Paris,Plancher,*1816; in-8, portr., cart., *non rogné.* 5 fr.

Taches à plusieurs feuillets.

2800. Sévigné. (Mme de). Lettres de Marie Rabutin-Chantal, Marquise de Sévigné, à Madame la Comtesse de Grignan sa fille. *S. l. (Rouen),* 1726 ; 2 vol. in-12, mar. rouge, tr. dor. (*Trautz-Bauzonnet,* 1879). **350 fr.**

ÉDITION ORIGINALE en 381 et 324 pages, plus les titres, des lettres de Mme de Sévigné à sa fille, publiées par Thiriot, d'après un manuscrit appartenant à l'abbé d'Amfreville.

Exemplaire du PREMIER ÉTAT, imprimé en gros caractères avec les erratas qui manquent souvent. Haut. : 162 mill.

2801. Sévigné (Mme de). Lettres de Marie Rabutin-Chantal, Marquise de Sévigné, à Madame la Comtesse de Grignan, sa fille. *S. l.,* 1726 ; in-12, mar. rouge, tr. dor. (*A. Motte*). **100 fr.**

Édition dite aussi de *Rouen* et publiée également par Thiriot. Elle se compose d'un titre en noir et 264 pp. pour le tome Ier et un titre en noir et 228 pp. pour le tome II. Elle contient le même nombre de lettres que l'édition en gros caractères. Haut. : 166 mill.

2802. Silvestre (Armand). Floréal. Illustrations de Georges Cain. Préface de Jules Claretie. Musique de Jules Massenet. *Paris, Ch. Delagrave, s. d.* (1893) ; in-4, demi-rel. dos et coins de mar. rouge, tête dor., *non rogné.* **30 fr.**

Très belles illustrations de Georges Cain Envoi autographe du dessinateur.

2803. Soirées de Sa Majesté Louis XVIII, recueillies et mises en ordre par M. le duc de *** (par Lamothe-Langon). *Paris, Werdet,* 1835; 2 vol. in-8, demi-rel. veau. 7 fr.

Légères mouillures.

2804. Somaize. Le Grand Dictionnaire des Prétieuses, historique, poétique, géographique, cosmographique, cronologique et armoirique : où l'on verra leur antiquité. coustumes, devises, éloges, études, guerres, hérésies, jeux, lois, langages, mœurs, mariages, morale, noblesse... par le sieur de Somaize. *Paris, Jean Ribou,* 1661 ; 3 parties en 2 vol. in-8, mar. citron, dos orné, fil., tr. dor. (*Trautz-Bauzonnet,* 1861). **225 fr.**

Ouvrage satirique, des plus importants pour l'histoire littéraire de la première moitié du XVIIe siècle. — La *Clef* forme la troisième partie.

Timbre de la bibliothèque de CAYROL sur deux titres.

2805. Songe du Vergier (Le) qui parle de la disputacion du clerc et du chevalier. (À la fin :) *Imprimé par Jacques Maillet, lan cccc quatre vintz et unze, vintiesme jour de Mars.* (*Lyon*), 1491 ; in-fol. goth. à 2 col., fig. sur bois, mar. rouge, dos orné, fil. et milieu, tr. dor. 600 fr.

PREMIÈRE ÉDITION très rare de cet ouvrage célèbre, composé dans le but de défendre la juridiction royale contre la juridiction ecclésiastique. Il a été attribué à Philippe de Mézières, à Raoul de Presles et à Charles de Louviers.

Exemplaire réglé, provenant de la bibliothèque J. RENARD.

2806. Sor (Charlotte de). Le duc de Bassano, souvenirs intimes de la Révolution et de l'Empire. Recueillis et publiés par Mme Charlotte de Sor. *Paris, de Potter,* 1844 ; cart. toile, *non rognés.* 12 fr.

2807. Soulavie (J.-L.). Mémoires historiques et politiques du règne de Louis XVI, depuis son mariage jusqu'à sa mort. *Paris, Treuttel et Wurtz,* 1801 ; 6 vol. in-8, demi-rel. veau bleu. 40 fr.

Mémoires réputés.

2808. Souvenirs des Antilles : voyage en 1815 et 1816, aux Etats-Unis et dans l'archipel caraïbe, par M. (le baron de Montlezun). *Paris, Gide fils,* 1818 ; 2 vol. in-8, cart. toile, *non rognés.* 7 fr.

2809. Springer. Paris au treizième siècle. Traduit librement de l'allemand. *Paris, Aug. Aubry,* 1860 ; in-12, cart., *non rogné.* 5 fr.

2810. Staël (Baronne de). Considérations sur les principaux événemens de la Révolution françoise, ouvrage posthume de Mme la baronne de Staël, publié par M. le duc de Broglie et M. le baron de Staël. *Paris, Delaunay,* 1818 ; 3 vol. in-8, demi-rel. veau. 12 fr.

2811. Strutt (Joseph). Angleterre ancienne, ou tableau des mœurs, usages, armes, habillemens, etc., traduit par M. B. (Boulard). *Paris,*

Et de Livres anciens et modernes

Maradan, 1789 ; 2 vol. pet. in-4, cart. toile. 40 fr.

67 planches en taille-douce gravées sur cuivre d'après les anciens monuments.

2812. Sue (Eugène). Histoire de la Marine française. Deuxième édition entièrement revue par l'auteur. *Paris, dépôt de la librairie,* 1845 ; 4 vol. in-8, cart., *non rognés,* couv. 12 fr.

Gravures de *Tony Johannot.*

2813. Tabarin. Recueil général des Œuvres et fantaisies de Tabarin, divisé en deux parties, contenant ses rencontres, questions et demandes facécieuses avec leurs responces. *Sur l'imprimé à Paris, chez Ant. de Sommaville,* 1623, 2 parties. — Les Rencontres, Fantaisies et Coq à lasne facecieux du Baron de Grattelard , tenant sa classe ordinaire au bout du Pont-Neuf. Ses gaillardises admirables, ses conceptions inouyes, et ses farces jovialles. *A Paris, Ant. de Sommaville,* 1623. Ens. 3 parties en un vol. pet. in-12, mar. rouge, tr. dor. *(Trautz-Bauzonnet* 1850). 150 f.

Première édition sous ce titre de ce recueil de facéties différent de ceux qui l'avaient précédé. Les trois parties sont difficiles à réunir.

2814. Tahureau. Les Diagloves (*sic*) de Jaques Tahureau, gentilhomme du Mans, non moins profitables que facétieus, où les vices d'un chacun sont repris fort aprement pour nous amener d'avantage à les fuir et suivre la vertu. *Paris, Gabriel Buon,* 1570 ; in-16, mar. rouge, dos orné, fil., tr. dor. *(Trautz-Bauzonnet,* 1859). 120 fr.

Bel exemplaire d'une jolie collection de ces dialogues facécieux.

2815. Tahureau. Les Poésies de Jacques Tahureau du Mans. Mises toutes ensemble et dédiées au Révérendissime Cardinal de Guise. *Paris, Robert le Mangnier,* 1574; in-8 de 8 ff. prél. et 136 ff., mar. rouge, dos orné , fil., tr. dor. *(Bauzonnet-Trautz,* 1846). 500 fr.

Première édition collective des poésies de Tahureau. Exemplaire avec *témoins.*

2816. Tasse (Le). La Jérusalem délivrée, poème du Tasse, nouvelle traduction (par Lebrun). *Paris,*

Musier fils, 1774 ; 2 vol. in-8, mar. rouge, dos orné, fil., tr. dor. *(Rel. anc.).* 200 fr.

Bel exemplaire illustré des superbes compositions de *Gravelot,* comprenant 2 titres gravés, 2 frontispices, 20 figures, 23 culs-de-lampe et 20 vignettes en-tète gravés par *Baquoy, Duclos, Henriquez, Lingée, Massard, Mesnil, Née, Le Roy,* etc.

2817. Tasse (Le). La Jérusalem délivrée, traduction nouvelle et en prose, par M. V. Philipon de la Madelaine, augmentée d'une description de M. de Lamartine. *Paris, Mallet,* 1841 ; in-4, demi-rel. dos et coins de chagr. br., dos orné, tr. dor. 15 fr.

Edition illustrée par *Baron* et *C. Nanteuil* de nombreuses figures gravées sur bois et tirées sur Chine appliqué.

2818. Tavernier. Les Six Voyages de Jean-Baptiste Tavernier, écuyer, baron d'Aubonne, en Turquie, en Perse, et aux Indes, pendant l'espace de quarante ans et par toutes les routes que l'on peut tenir : accompagnez d'observations particulières... *Suivant la copie imprimée à Paris (Amsterdam, J. van Someren),* 1678 ; 2 vol. in-12, front. et fig., mar. rouge, fil. à froid, *non rognés. (Bauzonnet-Trautz)* 150 fr.

Edition rare, s'annexant à la collection elzévirienne (Willems, n° 1937). Elle est ornée de nombreuses figures gravées sur cuivre. Bel exemplaire non rogné. Haut. : 153 mill.

2819. Ternisien-d'Haudricourt. Fastes de la Nation française, ou tableaux pittoresques gravés par d'habiles artistes, accompagnés d'un texte explicatif, et destiné à perpétuer la mémoire des hauts faits militaires, des traits de vertu civiques, ainsi que les exploits de la légion d'honneur. *Paris, Potier,* 1804; in-4, demi-rel. mar. vert. 60 fr.

Frontispice et 146 planches gravées par *Couché, Pourvoyeur,* d'après *Laflte, Swebach,* etc., avec texte en taille-douce.

2820. Thausing. (Moriz). Albert Dürer, sa vie et ses œuvres. Traduit de l'allemand par Gustave Gruyer. *Paris, Firmin Didot,* 1878; in-4, br. 15 fr.

75 gravures en taille-douce, lithographiées et sur bois.

2821. Théophile de Viau. Les Œuvres de Théophile, divisées en

trois parties... Reveuës et corri-
gées en cette dernière édition.
Paris, Nicolas Pepingué, 1662;
2 parties en 1 vol. in-12, mar. rouge,
fil. à froid, tr. dor. (*Bauzonnet-
Trautz.*) 75 fr.

Bel exemplaire d'une édition estimée.

2822. **Thiébault** (Dieudonné). Frédéric-le-Grand, sa famille, sa cour,
son gouvernement, son académie,
ses écoles, et ses amis, généraux,
philosophes et littérateurs, ou souvenirs de vingt ans de séjour à
Berlin. *Paris, Bossange*, 1826;
5 vol. in-8, cart., *non rognés.* 30 fr.

2823. **Thomas** (Arthus), sieur d'Em-
bry. Mémoires pour servir à l'histoire de France, ou journal de
Henri III, roi de France et de Pologne. Tome IV contenant l'Isle
des Hermaphrodites. (*Paris*, 1744);
in-12, demi-rel. dos et coins de
mar. brun, dos orné, tr. rouge
(*Amand*). 20 fr.

Partie du 4e volume de l'édition des
Mémoires de l'Estoile ne renfermant que
l'*Isle des Hermaphrodites* d'Arthus Thomas.

2824. **Thoumas** (Ch.). Les grands
Cavaliers du premier Empire. Notices biographiques. *Paris, Berger-
Levrault*, 1890; gr. in-8, portr.,
cart., *non rogné.* 5 fr.

Lasalle. — Kellermann. — Montbrun. —
Les trois Colbert. — Murat.

2825. **Touchard-Lafosse** (G.). La
Loire historique, pittoresque et
biographique, de la source de ce
fleuve, à son embouchure dans l'O-
céan. *Tours, Lecesne*, 1851; 5 vol.
gr. in-8, demi-rel. mar. rouge, tête
marbr., *non rognés* (*Rousselle*) 45 fr.

Illustrés de nombreuses eaux-fortes et
figures sur bois.

2826. **Touchatout** (Léon Bienvenu).
Le Trombinoscope. Dessins de Mo-
loch. *Paris*, 1882; pet. in-4, cart.
toile, *non rogné.* 8 fr.

99 numéros avec figures en couleur,
titre et table. Couverture illustrée.

2827. **Tristan L'Hermite.** Les
Amours de feu M. Tristan et autres
pièces très curieuses. *Paris, Gabriel Quinet*, 1662; in-12, front.,
mar. bleu, tr. dor. (*Trautz-Bauzonnet*, 1864). 125 fr.

Joli exemplaire.

2828. **Tristan L'Hermite.** Poésies galantes et héroïques. *Paris,
J.-B. Loyson*, 1662; in-4, veau. 15 fr.

Portrait, frontispice et figures.

2829. **Trognon** (Auguste). Vie de
Marie-Amélie), reine des français.
Paris, M. Lévy, 1871; in-8, demi-
rel. chagr. brun. 4 fr.

2830. **Troude** (O.). Batailles na-
vales de la France. Publié par P.
Levot. *Paris, Challamel*, 1867-
1868; 4 vol. in-8, demi-rel. veau. 15 fr.

2831. **Tupinier** (Baron). Considérations sur la Marine et sur son bud-
get. *Paris, impr. royale*, 1841;
in-8, mar. rouge, dos orné, dent.
et comp. de fil., tabis, tr. dor. 40 fr.

Exemplaire au chiffre du duc d'AUMALE.

2832. **Vallès** (Jules). Les Réfrac-
taires. *Paris, A. Faure*, 1866; in-8,
demi-rel. chagr. rouge, dos orné,
non rogné. 6 fr.

EDITION ORIGINALE.

2833. **Vallès** (Jules). La Rue à
Londres. *Paris, Charpentier*, 1884;
gr. in-4, cart. toile, fers spéciaux,
non rogné. 35 fr.

Edition ornée de 22 eaux-fortes et de
nombreux dessins par *A. Lançon.*
Bel exemplaire sur PAPIER VÉLIN, avec
eaux-fortes sur Hollande.

2834. **Vambéry** (Arminius). Voyages
d'un Faux-Derviche dans l'Asie cen-
trale, de Téhéran à Khiva, Bok-
hara et Samarcand par le grand
désert turkoman. Traduits de l'anglais par E.-D. Forgues. *Paris, Hachette*, 1873; in-8, demi-rel. chagr.
brun. 7 fr.

34 gravures sur bois et une carte.

2835. **Varicléry** (Vicomte de). Les
Tuileries en Juillet 1832. *Paris,
Dentu*, 1832; in-8, cart., *non ro-
gné.* 4 fr.

Raccommodages à plusieurs feuillets.

2836. **Vasili** (Comte Paul). La Société de Berlin. Augmenté de lettres inédites. *Paris, Nouvelle Revue*, 1884; in-8, demi-rel. chagr.
bleu, tête dor., *non rogné.* 5 fr.

Bel exemplaire.

2837. **Vasili** (Cte Paul). La Société de
Londres. Augmenté de lettres inédites. *Paris, Nouvelle Revue*, 1885;
in-8, demi-rel. chagr. bleu, tête
dor., *non rogné.* 5 fr.

Et de Livres anciens et modernes

2838. Veillées de Famille, contes instructifs et proverbes moraux en français, en italien, en anglais, et en allemand. Ouvrage nouveau publié par MM. Michaud et Ch. Nodier. *Paris, Ch. Allardin, 1837 ;* 2 tomes en un vol. in-4, demi-rel. mar. bleu, dos orné, tête dor., éb. 10 fr.

Texte par Ch. Nodier, Louise Collet, Scribe, Bouilly, Alissan de Chazet, de Courcy, Nettement, etc. — Taches d'humidité.

2839. Vermorel. Les Mystères de la Police. *Paris, Lebigre-Duquesne, s. d.* (1867); 3 vol. in-12, cart. toile, *non rognés.*   12 fr.

2840. Vic et **Vaissette** (Doms). HISTOIRE GÉNÉRALE DE LANGUEDOC, avec des notes et les pièces justificatives : composée sur les auteurs et les titres originaux, et enrichie de divers monumens, par deux religieux bénédictins de la Congrégation de S. Maur (Claude de Vic et Joseph Vaissette). *Paris, Jacques Vincent,* 1730-1745 ; 5 vol. in-fol., mar. rouge jans., tr. dor. (*Masson-Debonnelle*)   750 fr.

EDITION ORIGINALE, d'une des meilleures histoires particulières de nos provinces. Elle est ornée de jolies vignettes en-têtes, gr. par *Cochin* et *Tardieu*, d'a-

près *Cazes*, de planches et de plans gravés en taille-douce.
Très bel exemplaire.

2841. Vigneron (Hippolyte). La Belgique militaire, biographies du roi, des généraux qui ont été revêtus de commandements dans l'armée depuis 1830, et des officiers supérieurs qui ont contribué à fonder l'indépendance nationale. *Bruxelles, Renier,* 1855 ; 2 vol. gr. in-8, demi-rel. chagr. rouge. 10 fr.

Portraits lithographiés.

2842. Villemot (Émile). Messire Bourdeau de Bourdeille. Le Petit Brantôme de poche. Illustré par Loir Luigi. *Paris, Paul Ollendorff,* 1883 ; in-12, mar. rouge, dos orné, fil., tr. dor. (*Canape-Belz*)   35 fr.

L'un des 10 exemplaires tirés sur PAPIER DU JAPON.

2843. Voyage merveilleux du prince Fan-Férédin dans la Romancie ; contenant plusieurs observations historiques, géographiques, physiques, critiques et morales (par le P. Bougant). *Amsterdam, Wetstein et Smith,* 1735 ; pet. in-12, veau fauve, dos orné, fil., tr. dor. (*Rel. anc.*)   15 fr.

Critique ingénieuse de l'Usage des romans de Lenglet-Dufresnoy.

Le Propriétaire-Gérant : THÉOPHILE BELIN.

VIENT DE PARAITRE :

FLEURS

DE

CYCLAMENS

Par ANDRÉ THEURIET

de l'Académie française

Illustrations en couleurs de Ch. COPPIER.

Édition de grand luxe imprimée pour A. GIRARD

Tirage unique à 115 exemplaires dont 100 mis dans le commerce

Un beau volume gr. in-8 . . .   **150 francs**.

Châteaudun. — Imp. de la Société Typographique *(Téléphone).*